# Liniile directoare ale OCDE pentru Întreprinderile Multinaționale privind Conduita Responsabilă în Afaceri

OECD
BETTER POLICIES FOR BETTER LIVES

Modificările din anul 2023 ale Liniilor Directoare pentru întreprinderile multinaționale privind conduita responsabilă în afaceri au fost adoptate de membrii OECD aderenti la Declarația privind investițiile internaționale și întreprinderile multinaționale [OCDE/LEGAL/0144]. Decizia privind Liniile directoare pentru întreprinderile multinaționale privind conduita responsabilă în afaceri [OCDE/LEGAL/0307] a fost adoptată de Consiliul OCDE la nivel ministerial. Comentariile aferente ambelor documente au fost aprobate de Comitetul pentru Investiții al OCDE. Cuvântul-înainte este publicat sub responsabilitatea Secretarului General al OCDE și nu reflectă în mod necesar pozițiile oficiale ale țărilor membre ale OCDE.

Prezentul document, precum și datele și hărțile incluse în acesta, nu aduc atingere situației sau suveranității niciunui teritoriu, delimitării frontierelor și limitelor internaționale și nici denumirii vreunui teritoriu, oraș sau zonă.

**Vă rugăm să citați această publicație ca:**
OECD (2026), *Liniile directoare ale OCDE pentru Întreprinderile Multinaționale privind Conduita Responsabilă în Afaceri*, OECD Publishing, Paris, https://doi.org/10.1787/a6c3b9b7-ro.

ISBN 978-92-64-45143-8 (tipar)
ISBN 978-92-64-78904-3 (PDF)

**Publicat inițial de OCDE sub titlul:** OECD (2023), *OECD Guidelines for Multinational Enterprises on Responsible Business Conduct*, OECD Publishing, Paris, https://doi.org/10.1787/81f92357-en.
În cazul unei discrepanțe între lucrarea originală și traducere, doar textul lucrării originale trebuie considerat ca fiind valabil.

Eratele publicațiilor OCDE pot fi găsite online la: https://www.oecd.org/en/publications/support/corrigenda.html.

# Cuvânt înainte

*Liniile directoare* ale OCDE pentru întreprinderile multinaționale privind conduita responsabilă în afaceri (*Liniile directoare*) sunt recomandări adresate în comun de guverne întreprinderilor multinaționale pentru a spori contribuția acestora la dezvoltarea durabilă și pentru a aborda efectele negative asociate activităților de afaceri asupra oamenilor, planetei și societății. *Liniile directoare* sunt susținute de un mecanism unic de implementare, Punctele Naționale de Contact pentru Conduită Responsabilă în Afaceri (PNC), înființate de guverne pentru a crește eficacitatea *Liniilor directoare*.

De la introducerea lor în 1976, *Liniile directoare* au fost actualizate în mod constant pentru a rămâne adecvate scopului, în lumina provocărilor societale și a contextului în continuă schimbare al afacerilor internaționale. Actualizarea din 2023 reflectă un deceniu de experiență de la ultima lor revizuire din 2011 și răspunde priorităților sociale, de mediu și tehnologice urgente cu care se confruntă societățile și afacerile. Actualizările cheie includ:

- Recomandări pentru întreprinderi de a se alinia la obiectivele convenite la nivel internațional privind schimbările climatice și biodiversitatea
- Așteptările privind diligența necesară în dezvoltarea, finanțarea, vânzarea, acordarea de licențe, comerțul și utilizarea tehnologiei, inclusiv colectarea și utilizarea datelor
- Recomandări cu privire la modul în care se așteaptă ca întreprinderile să depună diligența necesară asupra riscurilor și relațiilor comerciale legate de utilizarea produselor și serviciilor lor
- O mai bună protecție pentru persoanele și grupurile vulnerabile, inclusiv pentru cei care își exprimă preocupări cu privire la conduita întreprinderilor
- Recomandări actualizate privind divulgarea informațiilor despre conduita responsabilă în afaceri
- Recomandări extinse privind diligența necesară pentru toate formele de corupție
- Recomandări pentru întreprinderi de a se asigura că activitățile de lobby sunt în conformitate cu *Liniile directoare*
- Proceduri consolidate pentru a asigura vizibilitatea, eficacitatea și echivalența funcțională a Punctelor Naționale de Contact pentru Conduită Responsabilă în Afaceri

Actualizarea a fost realizată de cei 51 de Aderenți la Declarația OCDE privind investițiile internaționale și întreprinderile multinaționale și Uniunea Europeană, care participă la Grupul de Lucru OCDE pentru Conduită Responsabilă în Afaceri și la Comitetul pentru Investiții al OCDE. Aceasta a beneficiat de implicarea strânsă a părților interesate instituționale: Business at OCDE (BIAC), Comitetul Consultativ al Sindicatelor la OCDE (TUAC) și OCDE Watch, care reprezintă opiniile a milioane de întreprinderi, lucrători și membri ai societății civile la nivel global. Procesul a inclus, de asemenea, două consultări publice deschise părților interesate din întreaga lume.

Comitetele OCDE, precum și secretariatele lor au fost consultate și au contribuit la revizuirea capitolelor tematice ale Liniilor directoare, inclusiv Comitetul pentru Concurență; Comitetul pentru Politica de Consum; Comitetul pentru Guvernanță Corporativă; Comitetul pentru Asistență pentru Dezvoltare; Comitetul pentru Politica Economiei Digitale; Comitetul pentru Ocuparea Forței de Muncă, Muncă și Afaceri Sociale;

Comitetul pentru Politica de Mediu; Comitetul pentru Piețe Financiare; Comitetul pentru Afaceri Fiscale; Comitetul pentru Industrie, Inovare și Antreprenoriat; Comitetul pentru Asigurări și Pensii Private; Comitetul pentru Politică Științifică și Tehnologică; Comitetul pentru IMM-uri și Antreprenoriat; Comitetul pentru Comerț; Grupul de Lucru pentru Combaterea Mitei în Tranzacțiile Internaționale de Afaceri; și Grupul de Lucru al Înalților Funcționari de Integritate Publică.

Actualizarea a fost susținută pe parcurs de către Centrul OCDE pentru Conduită Responsabilă în Afaceri din cadrul Direcției pentru Afaceri Financiare și de Întreprinderi.

# Table of contents

# Declarația privind investițiile internaționale și întreprinderile multinaționale

GUVERNELE ADERENTE[1]

CONSIDERÂND:

- Că investițiile internaționale sunt de o importanță majoră pentru economia mondială și au contribuit considerabil la dezvoltarea țărilor lor;
- Că întreprinderile multinaționale joacă un rol important în acest proces de investiții;
- Cooperarea internațională un factor ce poate îmbunătăți climatul investițional extern, poate încuraja contribuția pozitivă pe care întreprinderile multinaționale o pot aduce progresului economic, social și de mediu și poate minimiza și rezolva dificultățile care pot apărea din operațiunile lor;
- Că beneficiile cooperării internaționale sunt sporite prin abordarea problemelor legate de investițiile internaționale și întreprinderile multinaționale printr-un cadru echilibrat de instrumente interconectate;

DECLARĂ :

**Linii directoare pentru întreprinderile multinaționale**

I. Recomandă în comun întreprinderilor multinaționale care operează în sau din teritoriile lor respectarea Liniilor directoare, prezentate în Anexa 1[2], având în vedere considerațiile și înțelegerile prezentate în Prefață și care sunt parte integrantă a acestora;

**Tratamentul Național**

II. 1. Guvernele aderente trebuie, în conformitate cu necesitatea de a menține ordinea publică, de a proteja interesele esențiale de securitate și de a îndeplini angajamentele legate de pacea și securitatea internațională, să acorde întreprinderilor care operează în teritoriile lor și care sunt deținute sau controlate

[1] La data de 8 iunie 2023, toți membrii OCDE sunt Aderenți (or Guvernele membre OCDE sunt Aderente) , precum și Argentina, Brazilia, Bulgaria, Croația, Egiptul, Iordania, Kazahstan, Maroc, Peru, România, Tunisia, Ucraina și Uruguay. Comunitatea Europeană a fost invitată să se asocieze cu secțiunea privind Tratamentul Național pentru problemele care se încadrează în competența sa.

[2] Textul *Liniilor directoare* pentru întreprinderile multinaționale privind conduita responsabilă în afaceri este reprodus în Partea I a acestei publicații.

direct sau indirect de resortisanți ai unui alt guvern aderent (denumite în continuare „Întreprinderi Controlate din Străinătate") un tratament conform legilor, reglementărilor și practicilor administrative ale acestora, în conformitate cu dreptul internațional și nu mai puțin favorabil decât cel acordat în situații similare întreprinderilor naționale (denumit în continuare „Tratament Național");

2. Guvernele aderente vor lua în considerare aplicarea „Tratamentului Național" în raport cu țările care nu sunt guverne aderente;

3. Guvernele aderente vor depune eforturi pentru a se asigura că subdiviziunile lor teritoriale aplică „Tratamentul Național";

4. Această Declarație nu are în vedere dreptul guvernelor aderente de a reglementa intrarea investițiilor străine sau condițiile de înființare a întreprinderilor străine;

**Cerințe aflate în conflict**

III. Să coopereze pentru a evita sau a minimiza impunerea unor cerințe conflictuale asupra întreprinderilor multinaționale și că vor lua în considerare considerațiile generale și abordările practice prezentate în Anexa 2.[3]

**Stimulente și măsuri de descurajare pentru Investiții Internaționale**

IV. 1.Recunosc necesitatea de a-și consolida cooperarea în domeniul investițiilor directe internaționale;
2. Recunosc astfel necesitatea de a acorda importanța cuvenită intereselor guvernelor aderente afectate de legi, reglementări și practici administrative specifice în acest domeniu (denumite în continuare „măsuri") care oferă stimulente și descurajări oficiale pentru investițiile directe internaționale;

3. Guvernele aderente vor depune eforturi pentru ca astfel de măsuri să fie cât mai transparente posibil, astfel încât importanța și scopul lor să poată fi stabilite și informațiile despre acestea să fie ușor accesibile;

**Proceduri de Consultare**

V. Sunt pregătite să se consulte reciproc cu privire la aspectele de mai sus, în conformitate cu Deciziile relevante ale Consiliului;

**Revizuire**

VI. Vor revizui periodic aspectele de mai sus cu scopul de a îmbunătăți eficacitatea cooperării economice internaționale între guvernele aderente în problemele legate de investițiile internaționale și întreprinderile multinaționale.

[3] Anexa 2 poate fi găsită în versiunea completă a Declarației privind investițiile internaționale și întreprinderile multinaționale, disponibilă aici: https://legalinstruments.OCDE.org/en/instruments/OCDE-LEGAL-0144.

# Partea I. *Liniile directoare* OCDE pentru întreprinderile multinaționale privind conduita responsabilă în afaceri

Text și comentariu

# Prefață

1. *Liniile directoare OCDE pentru întreprinderile multinaționale privind conduita responsabilă în afaceri* (*Liniile directoare*) sunt recomandări adresate de guverne întreprinderilor multinaționale. Scopul comun al Aderenților la *Liniile directoare* este de a încuraja contribuțiile pozitive pe care întreprinderile le pot aduce progresului economic, de mediu și social și de a minimiza efectele adverse asupra aspectelor acoperite de acestea care pot fi asociate cu operațiunile, produsele și serviciile întreprinderii. Conduita responsabilă în afaceri poate facilita crearea unor condiții de concurență pe piețele globale, poate stimula un sector de afaceri dinamic și funcțional și poate spori contribuția afacerilor la rezultatele dezvoltării durabile, inclusiv soluțiile pentru abordarea și răspunsul la schimbările climatice.

2. *Liniile directoare* fac parte din Declarația OCDE privind investițiile internaționale și întreprinderile multinaționale [OCDE/LEGAL/0144]. Aderenții la *Liniile directoare* își asumă un angajament obligatoriu de a spori eficacitatea acestora în conformitate cu *Decizia Consiliului privind Liniile directoare OCDE pentru întreprinderile multinaționale privind conduita responsabilă în afaceri* [OCDE/LEGAL/0307]. Punctele Naționale de Contact pentru Conduită Responsabilă în Afaceri joacă un rol central în acest sens.

3. *Liniile directoare* sunt destinate să încurajeze comerțul și investițiile responsabile și, astfel, să multiplice beneficiile comerțului și investițiilor prin angajamente continue și îmbunătățiri pe toate piețele din lume. Comerțul și investițiile internaționale întăresc și aprofundează legăturile între țări și regiuni ale lumii și generează beneficii substanțiale necesare societăților pentru a atinge rezultate de dezvoltare durabilă, inclusiv crearea de locuri de muncă mai multe și mai bune, dezvoltarea de abilități, furnizarea de produse și servicii care îmbunătățesc standardele de trai și accesul la finanțare și tehnologie necesară pentru tranzițiile digitală și verde.

4. *Liniile directoare* exprimă așteptările comune ale Aderenților privind conduita responsabilă în afaceri a întreprinderilor care operează în sau din afara țărilor lor și oferă un punct de referință autorizat pentru întreprinderi și pentru alți actori interesați. Acestea recomandă ca întreprinderile să efectueze diligența necesară bazată pe risc pentru a identifica, preveni, atenua și contabiliza modul în care abordează efectele adverse actuale și potențiale asupra aspectelor acoperite de Linii directoare. În această privință, *Liniile directoare* completează și consolidează eforturile private și publice de a defini și implementa conduita responsabilă în afaceri.

5. *Liniile directoare* prevăd principii și standarde voluntare pentru conduita responsabilă în afaceri, în conformitate cu legile aplicabile și standardele internațional recunoscute. Aspectele acoperite de *Liniile directoare* pot face obiectul legislației interne și angajamentelor internaționale. *Liniile directoare* conturează recomandări privind conduita responsabilă în afaceri care pot merge dincolo de ceea ce întreprinderile sunt legal obligate să respecte. Recomandarea guvernelor ca întreprinderile să respecte *Liniile directoare* este distinctă de aspectele legate de răspunderea juridică și de aplicare.

6. Capacitatea întreprinderilor multinaționale de a promova dezvoltarea durabilă este considerabil sporită atunci când comerțul și investițiile se desfășoară într-un context de piețe deschise, competitive și reglementate corespunzător, cu respectarea statului de drept și protecția spațiului public. Guvernele au un rol important în sprijinirea implementării eficiente a *Liniilor directoare*, inclusiv prin crearea unui mediu politic favorabil pentru a stimula, susține și promova practici de afaceri responsabile. Coerența politicilor la nivel național și internațional poate favoriza alinierea și armonizarea inițiativelor de conduită responsabilă

în afaceri. Un amestec inteligent de abordări și măsuri guvernamentale, care pot include abordări obligatorii și voluntare, dezvoltarea capacităților și alte măsuri însoțitoare, este relevant în acest sens. Elaborarea politicilor specifice, legislației și altor măsuri privind conduita responsabilă în afaceri va fi influențată de contextul politic, administrativ și juridic al fiecărei țări.

7. Cadrul politic, economic, de mediu, social, fizic și tehnologic pentru afaceri internaționale este supus unor schimbări rapide și profunde. Orientările însele au evoluat pentru a reflecta aceste schimbări. În ultimele decenii, comerțul și finanțele internaționale au crescut semnificativ ca pondere în economia mondială. Întreprinderile mari continuă să reprezinte o mare parte din comerțul și investițiile internaționale, în timp ce comerțul și investițiile transfrontaliere ale întreprinderilor mici și mijlocii au crescut și ele, iar aceste întreprinderi joacă în prezent un rol semnificativ pe piețele internaționale. Întreprinderile multinaționale, ca și cele naționale, au evoluat pentru a cuprinde o gamă mai largă de acorduri de afaceri și forme de organizare. Evoluțiile tehnologice, precum și alianțele strategice alianțele strategice și relațiile mai strânse cu furnizorii și contractanții tind să estompeze granițele dintre întreprinderi. Evoluția rapidă a structurii întreprinderilor multinaționale se reflectă și în operațiunile acestora în economiile emergente și în curs de dezvoltare, a căror pondere în comerțul și investițiile transfrontaliere este în creștere. În economiile emergente și în curs de dezvoltare, întreprinderile multinaționale s-au diversificat dincolo de producția primară și industriile extractive în producție, asamblare, dezvoltarea pieței interne și servicii.

8. Natura, amploarea și viteza schimbărilor economice au generat noi provocări strategice pentru întreprinderi și părțile interesate ale acestora. Forțele concurențiale sunt intense, iar întreprinderile multinaționale se confruntă cu o varietate de contexte de reglementare juridice, sociale. Numeroase întreprinderi multinaționale au demonstrat că respectarea unor standarde înalte de conduită în afaceri merge mână în mână cu creșterea și rentabilitatea / profitabilitatea. Întreprinderile implementează din ce în ce mai mult modele de afaceri care urmăresc dezvoltarea durabilă și sprijină coerența dintre obiectivele economice, de mediu și sociale. Întreprinderile au promovat, de asemenea, dialogul social cu privire la ceea ce constituie un comportament responsabil în afaceri și au colaborat cu părțile interesate, inclusiv în contextul inițiativelor multilaterale, pentru a elabora orientări privind comportamentul responsabil în afaceri.

9. Adoptarea *Liniilor directoare* în 1976 și actualizările ulterioare ale acestora reflectă cererea crescută adresată întreprinderilor de a respecta principiile și standardele privind comportamentul responsabil în afaceri. Începuturile acestei evoluții pot fi atribuite activității Organizației Internaționale a Muncii de la începutul secolului al XX-lea. Adoptarea de către Organizația Națiunilor Unite în 1948 a Declarației Universale a Drepturilor Omului a fost un alt eveniment de referință. Aceasta a fost urmată de dezvoltarea continuă a standardelor relevante pentru multe aspecte ale comportamentului responsabil al întreprinderilor. OCDE a contribuit în mod important la acest proces prin elaborarea de standarde care acoperă domenii precum mediul, lupta împotriva corupției, interesele consumatorilor, guvernanța corporativă, știința, tehnologia și inovarea, precum și fiscalitatea.

10. *Liniile directoare* rămân principalul instrument internațional privind comportamentul responsabil în afaceri. Statele aderente la *Liniile directoare* s-au angajat să coopereze între ei și cu alte guverne pentru a promova punerea în aplicare a acestora în parteneriat cu numeroasele întreprinderi, sindicate și alte organizații neguvernamentale care lucrează în felul lor în același scop.

# I. Concepte și principii

1. *Liniile directoare* sunt recomandări adresate în comun de guverne întreprinderilor multinaționale. Acestea oferă principii și standarde de bună practică, conforme cu legile aplicabile și standardele recunoscute la nivel internațional. Respectarea Liniilor directoare de către întreprinderi este voluntară și nu este obligatorie din punct de vedere legal. Cu toate acestea, unele aspecte acoperite de *Liniile directoare* pot fi reglementate și de legislația națională sau de angajamente internaționale.
2. Respectarea legilor naționale este prima obligație a întreprinderilor. *Liniile directoare* nu înlocuiesc, și nici nu ar trebui să se considere că prevalează asupra legislației și reglementărilor naționale. Eșecul guvernelor de a respecta principiile și standardele conforme cu *Liniile directoare* sau cu angajamentele internaționale asociate acestora nu diminuează așteptarea ca întreprinderile să respecte *Liniile directoare*. Deși *Liniile directoare* se extind dincolo de legislație în multe cazuri, acestea nu ar trebui și nu sunt destinate să plaseze o întreprindere în situații în care aceasta se confruntă cu cerințe conflictuale. Cu toate acestea, în țările în care legislația și reglementările naționale contravin principiilor și standardelor Liniilor directoare, întreprinderile ar trebui să caute modalități de a respecta aceste principii și standarde în măsura în care nu le pune în situația de a încălca legislația națională.
3. Deoarece operațiunile întreprinderilor multinaționale se extind pe întreg globul, cooperarea internațională în acest domeniu ar trebui să se extindă la toate țările. Aderenții la *Liniile directoare* încurajează întreprinderile care operează în sau din afara teritoriului lor să respecte *Liniile directoare* oriunde își desfășoară activitatea, ținând seama, în același timp, de circumstanțele particulare ale fiecărei țări gazdă.
4. Nu este necesară o definiție precisă a întreprinderilor multinaționale în sensul Liniilor directoare. Deși *Liniile directoare* permit o abordare largă în ceea ce privește identificarea entităților care pot fi considerate întreprinderi multinaționale în sensul Liniilor directoare, caracterul internațional al structurii sau activităților unei întreprinderi și forma sa comercială, scopul sau activitățile acesteia sunt factori principali care trebuie luați în considerare în această privință. Aceste întreprinderi operează în toate sectoarele economiei. Ele sunt de obicei compuse din companii sau alte entități stabilite în mai multe țări și sunt legate între ele astfel încât să își poată coordona operațiunile în diferite moduri. În timp ce una sau mai multe dintre aceste entități pot exercita o influență semnificativă asupra activităților altor entități dintr-un grup, gradul lor de autonomie în cadrul grupului poate varia foarte mult de la o întreprindere multinațională la alta. Proprietatea poate fi privată, de stat sau mixtă. *Liniile directoare* se adresează tuturor entităților din cadrul întreprinderii multinaționale (companii-mamă și/sau entități locale). În conformitate cu repartizarea efectivă a responsabilităților între ele, se așteaptă ca diferitele entități să coopereze și să se sprijine reciproc pentru a facilita respectarea Liniilor directoare.
5. *Liniile directoare* nu vizează introducerea unor diferențe de tratament între întreprinderile multinaționale și cele naționale; ele reflectă bunele practici pentru toate. În consecință, întreprinderile multinaționale și cele naționale sunt supuse acelorași așteptări în ceea ce privește conduita lor ori de câte ori *Liniile directoare* sunt relevante pentru ambele.
6. Guvernele doresc să încurajeze respectarea cât mai largă a Liniilor directoare. Deși este recunoscut faptul că este posibil ca întreprinderile mici și mijlocii să nu aibă aceleași capacități ca

întreprinderile mai mari, Aderenții la *Liniile directoare* le încurajează totuși să respecte recomandările Liniilor directoare în cea mai mare măsură posibilă.

7. Aderenții la *Liniile directoare* nu ar trebui să le utilizeze în scopuri protecționiste și nici să le utilizeze într-un mod care să pună la îndoială avantajul comparativ al oricărei țări în care întreprinderile multinaționale investesc.
8. Guvernele au dreptul de a stabili condițiile în care întreprinderile multinaționale operează în cadrul jurisdicțiilor lor, sub rezerva dreptului internațional. Entitățile unei întreprinderi multinaționale situate în diferite țări sunt supuse legilor aplicabile în aceste țări. Atunci când întreprinderile multinaționale sunt supuse unor cerințe conflictuale de către Aderenți sau de către țări terțe, guvernele implicate sunt încurajate să coopereze de bună credință pentru a rezolva problemele care pot apărea.
9. Aderenții la *Liniile directoare* le-au stabilit cu înțelegerea că își vor îndeplini responsabilitățile de a trata întreprinderile în mod echitabil și în conformitate cu dreptul internațional și cu obligațiile lor contractuale.
10. Utilizarea mecanismelor internaționale adecvate de soluționare a litigiilor, inclusiv arbitrajul, este încurajată ca mijloc de facilitare a soluționării problemelor juridice apărute între întreprinderi și guvernele țărilor gazdă.
11. Aderenții la *Liniile directoare* le vor implementa și vor încuraja utilizarea acestora. Ei vor înființa Puncte Naționale de Contact pentru Conduită Responsabilă în Afaceri care promovează *Liniile directoare* și acționează ca un forum de discuții cu privire la toate aspectele legate de *Liniile directoare*. Aderenții vor participa, de asemenea, la proceduri adecvate de revizuire și consultare adecvate pentru a aborda preocupările relevante privind interpretarea și implementarea Liniilor directoare și pentru a menține relevanța lor continuă într-o lume în schimbare.

# II. Politici generale

Întreprinderile ar trebui să țină cont pe deplin de politicile stabilite în țările în care operează și să ia în considerare punctele de vedere ale altor părți interesate.

În acest sens:

A. Întreprinderile ar trebui:

1. Să contribuie la progresul economic, de mediu și social în vederea realizării unei dezvoltări durabile.
2. Să respecte drepturile omului recunoscute la nivel internațional pentru persoanele afectate de activitățile lor.
3. Să încurajeze consolidarea capacităților locale printr-o cooperare strânsă cu comunitatea locală, inclusiv cu interesele de afaceri, precum și prin dezvoltarea activităților întreprinderii pe piețele interne și externe, în concordanță cu necesitatea unei bune practici comerciale.
4. Să încurajeze formarea de capital uman, în special prin crearea de oportunități de angajare și facilitarea oportunităților de formare pentru angajați.
5. Să asigure transparența și integritatea activităților de lobby și să nu solicite sau să accepte derogări care nu sunt prevăzute în cadrul legal sau de reglementare referitor la drepturile omului, mediu, sănătate, siguranță, muncă, impozitare, stimulente financiare sau alte aspecte.
6. Să sprijine și să susțină principiile bunei guvernanțe corporative și să dezvolte și să aplice bunele practici de guvernanță corporativă, inclusiv în cadrul grupurilor de întreprinderi.
7. Să dezvolte și să aplice practici de auto reglementare și sisteme de management eficiente care să promoveze o relație de încredere reciprocă între întreprinderi și societățile în care acestea își desfășoară activitatea.
8. Să promoveze conștientizarea și respectarea de către lucrătorii angajați de întreprinderile multinaționale a politicilor întreprinderilor prin diseminarea adecvată a acestor politici, inclusiv prin programe de formare.
9. Să se abțină de la acțiuni discriminatorii sau disciplinare sau de la alte represalii împotriva lucrătorilor, reprezentanților sindicali sau altor reprezentanți ai lucrătorilor care raportează de bună credință către conducere sau, după caz, către autoritățile publice competente, cu privire la practici care contravin legii, *Liniilor directoare* sau politicilor întreprinderii..
10. Să se abțină și să ia măsuri pentru a preveni recurgerea la represalii, inclusiv din partea entităților cu care întreprinderea are o relație de afaceri, împotriva oricăror persoane sau grupuri care ar putea încerca să investigheze sau să își exprime îngrijorarea cu privire la impactul negativ real sau potențial asociat cu operațiunile, produsele sau serviciile întreprinderii. Aceasta include promovarea unui mediu în care în care persoanele și grupurile se simt în siguranță pentru a-și exprima îngrijorările și, după caz, pentru a contribui la remedierea efectelor negative ale represaliilor atunci când acestea au loc.
11. Să efectueze diligența necesară bazată pe riscuri, de exemplu prin încorporarea acesteia în sistemele lor de gestionare a riscurilor, pentru a identifica, preveni și atenua efectele negative reale

și potențiale descrise la punctele 12 și 13, și să contabilizeze modul în care sunt abordate aceste efecte. Natura și amploarea diligenței necesare depind de circumstanțele unei situații specifice.

12. Să evite să provoace sau să contribuie, prin propriile activități, la efecte negative asupra aspectelor reglementate de *Liniile directoare* și să abordeze astfel de efecte atunci când apar, inclusiv prin asigurarea sau cooperarea în vederea remedierii efectelor negative.
13. Să încerce să prevină sau să atenueze un efect negativ chiar dacă nu au contribuit la producerea acelui efect, atunci când efectul este totuși direct legat de operațiunile, produsele sau serviciile lor printr-o relație de afaceri. Acest lucru nu este menit să transfere responsabilitatea de la entitatea care cauzează un impact negativ către întreprinderea cu care aceasta are o relație de afaceri.
14. În plus față de abordarea impactului negativ în legătură cu aspectele reglementate de *Liniile directoare*, să încurajeze, atunci când este posibil, entitățile cu care o întreprindere are o relație de afaceri să aplice principii de conduită responsabilă în afaceri compatibile cu *Liniile directoare*.
15. Să colaboreze în mod semnificativ cu părțile interesate relevante sau cu reprezentanții legali ai acestora ca parte a îndeplinirii obligației de diligență și pentru a oferi posibilitatea ca punctele lor de vedere să fie luate în considerare în ceea ce privește activitățile care le pot afecta în mod semnificativ în legătură cu aspectele reglementate de *Liniile directoare.*
16. Să se abțină de la orice implicare necorespunzătoare în activități politice.

B. Întreprinderile sunt încurajate să:

1. Să se implice sau să sprijine, după caz, inițiativele private sau multilaterale și dialogul social privind conduita responsabilă în afaceri a întreprinderilor, asigurându-se în același timp că aceste inițiative iau în considerare în mod corespunzător efectele lor sociale și economice asupra economiilor în curs de dezvoltare și de standardele existente recunoscute la nivel internațional.

## Comentariu la Capitolul II. Politici Generale

1. Capitolul Politici generale al *Liniilor directoare* este primul care conține recomandări specifice pentru întreprinderi. Ca atare, este important să se stabilească direcția și principiile fundamentale comune pentru recomandările specifice din capitolele următoare.

2. Întreprinderile sunt încurajate să coopereze cu guvernele în elaborarea și punerea în aplicare a politicilor și legilor. Luarea în considerare a punctelor de vedere a altor părți interesate din societate, care includ comunitatea locală și persoanele afectate negativ sau potențial afectate negativ de activitățile lor, precum interesele de afaceri, poate îmbogăți acest proces. De asemenea, este recunoscut faptul că guvernele ar trebui să fie transparente în relațiile lor cu întreprinderile și să consulte întreprinderile cu privire la aceleași aspecte. Întreprinderile, partenerii sociali și alte părți interesate, cum ar fi organizațiile societății civile și sindicatele, ar trebui să fie privite ca parteneri ai guvernului în elaborarea și utilizarea atât a abordărilor voluntare, cât și a celor de reglementare (dintre care *Liniile directoare* reprezintă un element) pentru politicile care le afectează.

3. Nu ar trebui să existe nicio contradicție între activitatea întreprinderilor multinaționale și dezvoltarea durabilă, iar *Liniile directoare* sunt menite să promoveze complementaritatea în această privință. Într-adevăr, legăturile dintre progresul economic, social și de mediu reprezintă un mijloc esențial pentru promovarea obiectivului dezvoltării durabile.[1]

---

[1] Una dintre cele mai largi definiții acceptate ale dezvoltării durabile de către Comisia Mondială pentru Mediu și Dezvoltare din 1987 (Comisia Brundtland) este: „Dezvoltare care satisface nevoile prezentului fără a compromite capacitatea generațiilor viitoare de a-și satisface propriile nevoi". Obiectivele globale de eradicare a sărăciei globale, protejarea planetei și asigurarea faptului că toți oamenii se bucură de pace și prosperitate sunt un punct de referință important în acest sens. protejarea planetei și asigurarea faptului că toți oamenii se bucură de pace și prosperitate sunt un punct de referință important în acest sens.

4. Capitolul IV detaliază recomandarea generală privind drepturile omului de la punctul A.2.

5. Liniile directoare recunosc și încurajează contribuția pe care întreprinderile multinaționale o pot aduce la consolidarea capacităților locale ca urmare a activităților lor în comunitățile locale. În mod similar, recomandarea privind formarea capitalului uman este o recunoaștere explicită și orientată spre viitor a contribuției la dezvoltarea umană individuală pe care întreprinderile multinaționale o pot oferi angajaților lor și cuprinde nu numai practicile de angajare, ci și formarea și alte forme de dezvoltare a angajaților. Formarea capitalului uman încorporează, de asemenea, noțiunea de nediscriminare în practicile de angajare, precum și practicile de promovare, învățare pe tot parcursul vieții și alte forme de formare la locul de muncă.

6. Întreprinderile participă liber la discursul public. Atunci când se angajează în acțiuni publice de advocacy, întreprinderile ar trebui să țină seama în mod corespunzător de *Recomandarea privind principiile pentru transparență și integritate în activitatea de lobby [OCDE/LEGAL/0379]* și să se asigure că activitățile lor de lobby sunt în concordanță cu angajamentele și obiectivele lor privind aspectele reglementate de *Liniile directoare*. Guvernele sunt responsabile pentru stabilirea unui cadru de integritate publică adaptat la riscurile legate de activitățile de lobby ale funcționarilor publici. Liniile directoare recomandă ca, în general, întreprinderile să evite să depună eforturi pentru a obține derogări care nu sunt prevăzute în cadrul legal sau de reglementare în ceea ce privește drepturile omului, mediul, sănătatea, siguranța, munca, impozitarea și stimulentele financiare, printre altele, fără a încălca dreptul unei întreprinderi de a solicita modificări ale cadrului legislativ sau de reglementare. Cuvintele „sau să accepte" atrag, de asemenea, atenția asupra rolului statului în oferirea acestor derogări. Deși acest tip de dispoziție a fost în mod tradițional destinată guvernelor, ea are, de asemenea, o relevanță directă pentru întreprinderile multinaționale. Cu toate acestea, este important de reținut că există cazuri în care derogările specifice de la legi sau de la alte politici pot fi compatibile cu aceste legi din motive legitime de politică publică. Capitolele privind mediul și politica în domeniul concurenței oferă exemple în acest sens.

7. *Liniile directoare* recomandă întreprinderilor să aplice bunele practici de guvernanță corporativă inspirate din *Principiile de guvernanță corporativă ale G20/OCDE [OCDE/LEGAL/0413]*. Principiile solicită protejarea și facilitarea exercitării drepturilor acționarilor, inclusiv tratamentul echitabil al acționarilor. Întreprinderile ar trebui să respecte drepturile părților interesate stabilite prin lege sau prin acorduri reciproce și să încurajeze cooperarea activă cu părțile interesate în vederea creării de bunăstare, locuri de muncă și întreprinderi durabile și reziliente.

8. Principiile solicită consiliului de administrație al entității-mamă să asigure orientarea strategică a întreprinderii, monitorizarea eficientă a conducerii și răspunderea față de întreprindere și față de acționari, ținând cont în același timp de interesele părților interesate. În îndeplinirea acestor responsabilități, consiliul de administrație trebuie să asigure integritatea sistemelor contabile și de raportare financiară ale întreprinderii, inclusiv auditul independent, sistemele de control adecvate, în special gestionarea riscurilor și controlul financiar și operațional, precum și respectarea legislației și a standardelor relevante.

9. Principiile se extind la societățile cotate la bursă din cadrul grupurilor de întreprinderi, deși consiliile de administrație ale filialelor pot avea obligații în temeiul legislației din jurisdicția în care au fost constituite. Sistemele de conformitate și control ar trebui să se extindă, acolo unde este posibil, la aceste filiale. În plus, monitorizarea guvernanței de către consiliul de administrație include revizuirea continuă a structurilor interne pentru a asigura linii clare de responsabilitate a conducerii în cadrul grupului.

10. Întreprinderile multinaționale deținute de stat fac obiectul acelorași recomandări ca și întreprinderile private, însă controlul public este adesea amplificat atunci când un stat este proprietarul final. *Orientările OCDE privind guvernanța corporativă a întreprinderilor de stat* reprezintă un ghid util și adaptat în mod specific pentru aceste întreprinderi, iar recomandările pe care le oferă ar putea îmbunătăți semnificativ guvernanța.

11. Deși responsabilitatea principală pentru îmbunătățirea cadrului de reglementare juridic și instituțional revine guvernelor, există o motivație comercială puternică pentru ca întreprinderile să pună în aplicare o bună guvernanță corporativă.

12. O rețea din ce în ce mai mare de instrumente și acțiuni neguvernamentale de auto reglementare abordează aspecte ale comportamentului întreprinderilor și ale relațiilor dintre întreprinderi și societate. Evoluții interesante în această privință se desfășoară în sectorul financiar. Întreprinderile recunosc că activitățile lor au adesea implicații sociale și de mediu. Instituirea unor practici de auto reglementare și a unor sisteme de management, precum și participarea la inițiative multipartite (a mai multor părți interesate) conexe de către întreprinderi sensibile la atingerea acestor obiective - contribuind astfel la dezvoltarea durabilă - reprezintă o ilustrare a acestui fapt. Practicile de auto reglementare și inițiativele multipartite ar trebui să fie credibile și transparente. În cazul în care astfel de inițiative sunt axate pe diligența necesară privind conduita responsabilă a în afaceri, alinierea la standardele internaționale relevante, cum ar fi *Liniile directoare*, poate favoriza o mai mare eficacitate, reducând în același timp complexitatea și costurile pentru întreprinderile implicate în astfel de inițiative. La rândul său, dezvoltarea unor astfel de practici poate favoriza relațiile constructive între întreprinderi și societățile în care acestea își desfășoară activitatea. Deși întreprinderile pot colabora la nivel de sector sau la nivelul mai multor părți interesate(multipartit), ele rămân responsabile în mod individual pentru a se asigura că diligența necesară este efectuată în mod eficient.

13. Ca urmare a practicilor eficiente de auto reglementare, se așteaptă, desigur, ca întreprinderile să promoveze, conștientizarea angajaților cu privire la politicile societății. Se recomandă, de asemenea, măsuri de protecție a activităților de denunțare de bună credință, inclusiv protecția angajaților care, în absența unor măsuri de remediere în timp util sau în fața unui risc rezonabil de acțiune negativă la locul de muncă, raportează autorităților publice competente practici care contravin legii. Deși prezintă o relevanță deosebită pentru controalele interne, programele de etică și conformitate legate de combaterea corupției, discutate în capitolul VII, și inițiativele de mediu, o astfel de protecție este, de asemenea, relevantă și pentru alte recomandări din *Liniile directoare*,

14. Întreprinderile ar trebui să ia măsuri pentru a crea un spațiu în care preocupările cu privire la efectele negative legate de activitățile lor sau de activitățile entităților cu care au o relație de afaceri pot fi exprimate în siguranță. Abținerea de la represalii și de la luarea de măsuri pentru a preveni utilizarea acestora sunt importante pentru protejarea spațiului civic și pentru prevenirea daunelor aduse grupurilor și persoanelor care încearcă să investigheze, să exprime sau să raporteze astfel de preocupări sau care fac acest lucru. Represaliile includ acțiuni discriminatorii menite să cenzureze, să intimideze, să prejudicieze sau să reducă la tăcere criticii, prin metode cum ar fi amenințări, defăimarea reputației, calomnii, hărțuire, intimidare, supraveghere, procese strategice împotriva participării publice, încercările de a incrimina activitățile legale, atacurile fizice sau omorurile.

15. În sensul *Liniilor directoare*, prin diligența necesară se înțelege procesul prin care întreprinderile pot identifica, preveni, atenua și contabiliza modul în care abordează efectele lor negative reale și potențiale, ca parte integrantă a sistemelor de luare a deciziilor de afaceri și de gestionare a riscurilor. Ghidul OECD pentru Diligență în Afaceri Responsabile și și diligența necesară în sectorul OCDE ajută întreprinderile să înțeleagă și să pună în aplicare recomandările privind diligența necesară din *Liniile directoare*. De asemenea, acestea urmăresc să promoveze o înțelegere comună promovarea unei înțelegeri comune între guverne și părțile interesate cu privire la diligența necesară bazată pe riscuri pentru o conduită responsabilă în afaceri. În acest scop, Ghidul OCDE privind diligența necesară pentru o conduită responsabilă în afaceri stabilește un cadru de diligență necesară pe care guvernele s-au angajat să îl sprijine și să îl monitorizeze în mod activ. Acesta prezintă următoarele măsuri: 1. integrarea conduitei responsabile în afaceri în politici și sisteme de management; 2. identificarea și evaluarea efectelor negative reale și potențiale asociate cu operațiunile, produsele sau serviciile întreprinderii; 3. încetarea, prevenirea și atenuarea efectelor negative; 4. urmărirea punerii în aplicare și a rezultatelor; 5. comunicarea modului în care sunt abordate efectele; și 6. asigurarea sau cooperarea în vederea remedierii, după caz. De

asemenea, sunt propuse acțiuni practice pentru punerea în aplicare a acestor măsuri. Nu toate acțiunile practice menționate în îndrumările privind diligența necesară vor fi adecvate pentru fiecare situație.

16. Diligența necesară poate fi inclusă în cadrul unor sisteme mai ample de gestionare a riscurilor întreprinderii, cu condiția ca aceasta să meargă dincolo de simpla identificare și gestionare a riscurilor materiale pentru întreprindere, pentru a include riscurile de efecte negative legate de aspectele reglementate de *Liniile directoare*. Efectele potențiale trebuie abordate prin prevenire sau atenuare, în timp ce efectele reale trebuie abordate prin remediere. Liniile directoare se referă la acele efecte negative care fie sunt cauzate sau la care contribuie întreprinderea, fie sunt direct legate de operațiunile, produsele sau serviciile acesteia printr-o relație de afaceri, astfel cum sunt descrise la punctele A.12 și A.13. Diligența necesară poate ajuta întreprinderile să evite riscul unor astfel de efecte negative. În sensul prezentei recomandări, „contribuția la" un efect negativ ar trebui interpretată ca o contribuție substanțială, adică o activitate care cauzează, facilitează sau stimulează o altă entitate să producă un efect negativ și nu include contribuții minore sau banale. Relația unei întreprinderi cu impactul negativ nu este statică. Aceasta se poate schimba, de exemplu pe măsură ce situațiile evoluează și în funcție de măsura în care diligența necesară și măsurile luate pentru a aborda riscurile și efectele identificate reduc riscul producerii efectelor.

17. Termenul „relație de afaceri" include relațiile cu partenerii de afaceri, subcontractanții, francizații, societățile în care s-a investit, clienții și partenerii de joint venture (asociere în participațiune), entitățile din lanțul de aprovizionare care furnizează produse sau servicii care contribuie la operațiunile, produsele sau serviciile proprii ale întreprinderii sau care primesc, acordă licențe, cumpără sau utilizează produse sau servicii de la întreprindere, precum și orice alte entități non-statale sau de stat direct legate de operațiunile, produsele sau serviciile acestora. Relațiile cu consumatorii individuali, care sunt persoane fizice care acționează în scopuri care nu au legătură cu o activitate de afaceri, comercială sau guvernamentală, nu sunt considerate, în general, , „relații de afaceri" în temeiul Liniilor directoare, deși o întreprindere poate contribui la efectele negative cauzate de acestea. Relațiile de afaceri includ relații care depășesc relațiile contractuale, de „prim nivel" sau imediate. Entitățile cu care o întreprindere are o relație de afaceri pot sau nu să își desfășoare activitatea în sau din afara Guvernelor Aderente/din afara Aderenților Capacitatea unei întreprinderi de a identifica, preveni și atenua efectele negative reale și potențiale, astfel cum este descris la punctul A.11, poate varia în funcție de diferitele tipuri de relații de afaceri, precum și din cauza altor factori, inclusiv astfel cum se descrie la punctul 24 din comentariu.

18. Recomandarea de la punctul A.11 se aplică acelor aspecte reglementate de orientări care sunt legate de efectele negative asociate operațiunilor, produselor și serviciilor unei întreprinderi, Recomandarea de la punctul A.11 nu se aplică capitolelor privind concurența și impozitarea. În toate liniile directoare, recomandările referitoare la diligența necesară trebuie citite în conformitate cu punctele A. 11-13 și comentariile aferente.

19. Natura și amploarea diligenței necesare, cum ar fi măsurile specifice care trebuie luate, adecvate unei anumite situații vor fi influențate de factori precum contextul operațiunilor unei întreprinderi, recomandările specifice din *Liniile directoare* și ar trebui să fie proporționale cu dimensiunea întreprinderii, cu implicarea acesteia într-un efect negativ și cu gravitatea efectelor negative. În acest sens, măsurile pe care o întreprindere le ia pentru a efectua diligența necesară ar trebui să fie bazate pe riscuri, proporționale cu gravitatea și probabilitatea efectului negativ și adecvate și proporționale cu contextul său. În cazul în care nu este posibilă abordarea simultană a tuturor efectelor identificate, o întreprindere ar trebui să stabilească ordinea priorităților în care ia măsuri în funcție de gravitatea și probabilitatea efectului negativ.

20. Liniile directoare recunosc că este posibil ca majoritatea întreprinderilor să nu poată realiza evaluarea sau să interacționeze cu toate entitățile individuale cu care au relații de afaceri. În cazul în care întreprinderile au un număr mare de furnizori și alte relații de afaceri, acestea sunt încurajate să identifice domeniile generale în care riscul de efecte negative este cel mai semnificativ și, pe baza acestei evaluări a riscului, să acorde prioritate acestor domenii pentru diligența necesară, în conformitate cu măsurile prezentate la punctul 19 din comentariu. Diligența necesară bazată pe riscuri referitoare la produsele sau

serviciile unei întreprinderi ar trebui să ia în considerare circumstanțele cunoscute sau previzibile în mod rezonabil legate de utilizarea produsului sau serviciului în conformitate cu scopul preconizat sau în condiții de utilizare necorespunzătoare sau utilizare necorespunzătoare previzibilă în mod rezonabil, care pot genera efecte negative. Recomandările distincte privind diligența necesară referitoare la aspecte specifice sunt furnizate în capitolele relevante.

21. În cazul în care o întreprindere cauzează sau poate cauza un efect negativ, atunci aceasta ar trebui să ia măsurile necesare pentru a stopa sau preveni acest efect.

22. În cazul în care o întreprindere contribuie sau poate contribui la un efect negativ, aceasta ar trebui să ia măsurile necesare pentru a înceta sau a preveni contribuția sa și să își folosească influența pentru a atenua în cea mai mare măsură posibilă orice efect rămas. Se consideră că există o astfel de influență atunci când întreprinderea are capacitatea de a face schimbări în practicile ilicite ale entității care cauzează prejudiciul.

23. Liniile directoare recunosc faptul că responsabilitatea nu ar trebui transferată de la o entitate care cauzează un efect negativ asupra întreprinderii cu care aceasta are o relație de afaceri. În acest sens, în cazul în care o întreprindere este direct legată de un efect negativ printr-o relație de afaceri, dar nu îl cauzează sau nu contribuie la acesta, aceasta nu este responsabilă pentru remedierea acestuia, deși poate avea un rol în acest sens, ci mai degrabă pentru utilizarea influență, singură sau în cooperare cu alte entități, pentru a influența entitatea care cauzează efectul negativ să prevină, să atenueze sau să remedieze efectul respectiv. În cazul în care o întreprindere nu are suficientă influență, aceasta ar trebui să ia în considerare modalități de a-și spori influența. Întreprinderile pot utiliza sau spori influența în mai multe moduri pentru a influența entitățile cu care au relații de afaceri, de exemplu, prin sprijin, formare și consolidarea capacităților; angajament pentru a le îndemna să prevină și/sau să atenueze impacturile; crearea de așteptări privind conduita responsabilă în afaceri și diligența necesară în special în contractele comerciale, cum ar fi contractele de management, cerințele de precalificare pentru potențialii furnizori, trusturile de vot și acordurile de licență sau franciză; corelarea stimulentelor pentru întreprinderi cu performanța în ceea ce privește conduita responsabilă în afaceri; colaborarea cu autoritățile de reglementare și factorii de decizie în chestiuni legate de conduita responsabilă în afaceri; comunicarea posibilității de dezangajare responsabilă în cazul în care așteptările privind conduita responsabilă în afaceri nu sunt respectate, colaborarea cu alte întreprinderi (la nivel sectorial, de risc sau la nivel de țară) pentru a pune în comun forța de influență și punerea în aplicare a unor standarde comune de conduită responsabilă în afaceri. Alți factori relevanți pentru determinarea răspunsului adecvat la riscurile identificate includ gravitatea și probabilitatea efectelor negative și cât de important este furnizorul respectiv pentru întreprindere.

24. Liniile directoare recunosc faptul că există limitări practice în ceea ce privește gradul de influență pe care întreprinderile îl au sau îl pot avea pentru a determina schimbarea comportamentului entităților cu care au relații de afaceri. Acestea sunt legate de caracteristicile produsului și/sau serviciului, de numărul de furnizori și de alte relații de afaceri, de structura și complexitatea lanțului de aprovizionare sau de natura unei relații de afaceri sau de efectul negativ în cauză. De exemplu, în anumite situații, odată ce un serviciu este prestat sau un produs este vândut sau revândut, este posibil ca întreprinderile să aibă capacitatea redusă de a-și monitoriza impactul sau de a exercita sau de a construi o influență. În astfel de situații, eforturile de a identifica efectul real și potențial și de a lua măsuri preventive sau de atenuare pot fi deosebit de importante înainte și la punctul de vânzare.

25. Răspunsurile adecvate cu privire la relația de afaceri pot include continuarea relației pe parcursul eforturilor de reducere a riscurilor; suspendarea temporară a relației în timp ce se urmărește reducerea continuă a riscurilor; sau, în ultimă instanță, dezangajarea dintr-o relație de afaceri fie după încercări eșuate de reducere a riscurilor, fie atunci când întreprinderea consideră că reducerea riscurilor nu este fezabilă sau din cauza gravității efectului negativ. În cazul în care este posibil ca întreprinderile să continue relația și să demonstreze o perspectivă realistă de îmbunătățire sau o îmbunătățire reală în timp, o astfel

de abordare va fi adesea preferabilă dezangajării. De asemenea, întreprinderea ar trebui să ia în considerare potențialele efecte negative sociale, de mediu și economice legate de decizia de dezangajare. Atunci când decid să se dezangajeze, întreprinderile ar trebui să facă acest lucru în mod responsabil, inclusiv prin organizarea în timp util a unor consultări semnificative cu părțile interesate relevante și, atunci când este posibil, prin luarea unor măsuri rezonabile și adecvate pentru a preveni sau a atenua efectele negative legate de dezangajarea lor.

26. Întreprinderile pot colabora, de asemenea, cu furnizorii și cu alte entități cu care au relații de afaceri în vederea îmbunătățirii performanței acestora, în cooperare cu alte părți interesate, inclusiv prin formarea personalului și prin alte forme de consolidare a capacităților, și pot sprijini integrarea principiilor de conduită comercială responsabilă compatibile cu *Liniile directoare* în practicile lor comerciale. Angajarea și sprijinirea întreprinderilor mici și mijlocii cu care acestea au relații de afaceri este deosebit de importantă în această privință. În cazul în care entitățile cu care o întreprindere are o relație de afaceri sunt potențial expuse unor cerințe contradictorii, impuse, de exemplu, de diferiți cumpărători sau furnizori de servicii, întreprinderile sunt încurajate, ținând seama în mod corespunzător de preocupările anticoncurențiale, să participe la eforturile de colaborare la nivel de sector cu alte întreprinderi pentru a coordona politicile privind diligența necesară și strategiile de gestionare a riscurilor, inclusiv prin schimbul de informații.

27. Întreprinderile sunt, de asemenea, încurajate să participe la inițiative private sau multipartite și la dialogul social privind comportamentul responsabil în afaceri, cum ar fi cele întreprinse în temeiul *Deciziei Consiliului privind Orientările OCDE pentru întreprinderile multinaționale privind conduita responsabilă în afaceri*, inclusiv procedurile anexate la aceasta.

28. Implicarea semnificativă a părților interesate este o componentă cheie a procesului de diligență necesară. În unele cazuri, implicarea părților interesate poate fi, de asemenea, un drept în sine. Implicarea părților interesate implică procese interactive de implicare a părților interesate relevante, de exemplu, prin reuniuni, audieri sau proceduri de consultare. Părțile interesate relevante sunt persoane sau grupuri, sau reprezentanți legitimi ai acestora, care au drepturi sau interese legate de aspectele reglementate de *Liniile directoare* și care sunt sau ar putea fi afectate de efectele negative asociate cu operațiunile, produsele sau serviciile întreprinderii. Întreprinderile pot acorda prioritate părților interesate cel mai grav afectate sau potențial afectate de implicare. Gradul de impact asupra părților interesate poate determina gradul de implicare. Angajamentul semnificativ al părților interesate se referă la un angajament continuu cu părțile interesate, care este bidirecțional, realizat cu bună credință de către participanții de ambele părți și care răspunde punctelor de vedere ale părților interesate. Pentru a se asigura că implicarea părților interesate este semnificativă și eficientă, este important să se asigure că aceasta este oportună, accesibilă, adecvată și sigură pentru părțile interesate și să se identifice și să se elimine eventualele bariere din calea implicării părților interesate aflate în situații de vulnerabilitate sau marginalizare. Ghidul OCDE privind obligația de due diligence pentru un comportament responsabil în afaceri și îndrumările OCDE relevante specifice sectorului includ sprijin practic pentru întreprinderi în ceea ce privește implicarea părților interesate, inclusiv ca parte a procesului de diligență necesară al unei întreprinderi. Acest angajament este deosebit de important în planificarea și luarea deciziilor privind proiectele sau alte activități care implică, de exemplu, utilizarea intensivă a terenurilor sau a apei, care ar putea afecta semnificativ comunitățile locale.

29. În cele din urmă, este important de remarcat faptul că auto reglementarea și alte inițiative similare, inclusiv *Liniile directoare*, nu ar trebui să restrângă în mod ilegal concurența și nici nu ar trebui să fie considerate un substitut al actelor cu putere de lege și al reglementării efective de către guverne Se înțelege că întreprinderile multinaționale ar trebui să evite potențialele efecte de denaturare a comerțului sau a investițiilor ale codurilor și practicilor de auto reglementare atunci când acestea sunt în curs de elaborare.

# III. Dezvăluiri

1. Întreprinderile ar trebui să țină seama de politicile de publicare stabilite în țările și sectoarele în care își desfășoară activitatea și să ia în considerare opiniile și cerințele de informare ale acționarilor și ale altor părți interesate relevante. Întreprinderile ar trebui să publice informații periodice, în timp util, fiabile, clare, complete, exacte și comparabile, suficient de detaliat, cu privire la toate aspectele importante. Aceste informații ar trebui divulgate pentru întreaga întreprindere și, după caz, în funcție de liniile de activitate sau de zonele geografice. Politicile de divulgare ale întreprinderilor ar trebui să fie adaptate la natura, dimensiunea și localizarea întreprinderii, ținând seama în mod corespunzător de costuri, de confidențialitatea comercială și de alte preocupări concurențiale.

2. Politicile de divulgare ale întreprinderilor ar trebui să includă, fără a se limita la acestea, informații semnificative cu privire la :

a) rezultatele financiare și de exploatare ale întreprinderii;

b) obiectivele întreprinderii și informațiile legate de durabilitate;

c) structurile de capital, structurile de grup și modalitățile de control ale acestora

d) acționariatul majoritar, inclusiv beneficiarii efectivi, și drepturile de vot

e) informații privind componența consiliului de administrație și a membrilor acestuia, inclusiv calificările acestora, procesul de selecție, alte funcții de conducere în cadrul întreprinderii și dacă fiecare membru al consiliului de administrație este considerat independent de către consiliul de administrație;

f) remunerația membrilor consiliului de administrație și a directorilor-cheie;

g) tranzacțiile cu părți afiliate;

h) factorii de risc previzibili;

i) structurile și politicile de guvernanță, inclusiv gradul de conformitate cu codurile sau politicile naționale de guvernanță corporativă și procesul prin care acestea sunt puse în aplicare;

j) contractele de împrumut, inclusiv riscul de nerespectare a r convențiilor.

3. De asemenea, este important ca întreprinderile să comunice informații privind conduita responsabilă în afaceri, inclusiv ca parte a responsabilității lor de a exercita diligența necesară. Unele dintre aceste informații pot fi, de asemenea, semnificative în conformitate cu alineatul (2). Informațiile privind conduita responsabilă în afaceri pot include:

a) declarații de valoare sau declarații de conduită în afaceri destinate publicității, inclusiv politici privind aspecte legate de conduita responsabilă în afaceri, care articulează angajamentele întreprinderii față de principiile și standardele cuprinse în *Liniile directoare*, precum și planurile sale de punere în aplicare a diligenței;

b) politicile și alte coduri de conduită la care întreprinderea subscrie, data adoptării acestora și țările și entitățile cărora li se aplică astfel de declarații

c) informații privind măsurile luate în vederea integrării politicilor privind aspectele legate de conduita responsabilă în afaceri pentru organele de conducere și de supraveghere ale întreprinderii;

d) domeniile identificate de întreprindere cu efecte sau riscuri semnificative, efectele sau riscurile negative identificate, prioritizate și evaluate, precum și criteriile de prioritizare;

e) performanțele sale în raport cu declarațiile de la alineatul (3) litera (a) și codurile de la litera (b), inclusiv acțiunile întreprinse pentru a preveni sau atenua riscurile sau impacturile identificate la alineatul (3) literele (c) și (d), inclusiv, acolo unde este posibil, termenele estimate și criteriile de referință pentru îmbunătățire și rezultatele acestora, inclusiv furnizarea de către întreprindere a oricăror măsuri de remediere sau cooperarea întreprinderii în vederea remedierii;

f) informații privind sistemele de audit intern, de gestionare a riscurilor și de respectare a legislației;

g) informații privind relațiile cu lucrătorii și cu alte părți interesate;

h) informații suplimentare în conformitate cu recomandările de divulgare privind informațiile referitoare la conduita responsabilă a întreprinderilor prevăzute în capitolele IV și VI.

4. Întreprinderile ar trebui să pregătească și să divulge informații în conformitate cu standardele de contabilitate și de publicare recunoscute la nivel internațional și să se abțină de la publicarea de informații insuficiente sau neclare. Un audit extern anual ar trebui efectuat de un auditor independent, competent și calificat, în conformitate cu standardele de audit, etice și de independență recunoscute la nivel internațional, pentru a oferi consiliului de administrație și acționarilor o asigurare rezonabilă că situațiile financiare sunt întocmite, sub toate aspectele semnificative, în conformitate cu un cadru de raportare financiară aplicabil. Pentru a spori credibilitatea informațiilor privind comportamentul responsabil în afaceri, întreprinderile pot solicita atestarea externă a acestor informații.

## Comentariu la Capitolul III Divulgarea

30. Scopul prezentului capitol este de a contribui la consolidarea transparenței și a responsabilității în ceea ce privește operațiunile întreprinderilor multinaționale. Informațiile clare și complete privind întreprinderile sunt importante pentru o serie de utilizatori, de la acționari, potențiali investitori și comunitatea financiară până la alte părți interesate, cum ar fi lucrătorii, comunitățile locale, grupurile de interese speciale, guvernele și societatea în general. Pentru a îmbunătăți înțelegerea de către public a structurii și activităților întreprinderilor, a politicilor lor corporative și a performanțelor lor în ceea ce privește aspectele de mediu, sociale și de guvernanță, întreprinderile ar trebui să fie transparente în operațiunile lor și să răspundă la cererile de informații din ce în ce mai pretențioase ale publicului.

31. Primul set de recomandări în materie de publicitate este identic cu elementele de publicitate prezentate în Principiile G20/OCDE de guvernanță corporativă [OCDE/LEGAL/0413]. Adnotările aferente acestora oferă orientări suplimentare, iar recomandările din Liniile directoare ar trebui interpretate în raport cu acestea. Primul set de recomandări privind publicarea informațiilor se concentrează în principal pe societățile cotate la bursă și pe toate informațiile semnificative referitoare la întreprindere. Informațiile semnificative pot fi definite ca informații a căror omisiune sau inexactitate ar putea influența în mod rezonabil evaluarea de către un investitor a valorii unei întreprinderi. Acestea includ, de regulă, valoarea, calendarul și certitudinea viitoarelor fluxuri de numerar ale unei întreprinderi. Informațiile semnificative pot fi definite, de asemenea, ca informații pe care un investitor rezonabil le-ar considera importante în luarea unei decizii de investiții sau de vot. Acestea ar include, de obicei, valoarea, calendarul și certitudinea viitoarelor fluxuri de numerar ale unei societăți. Informațiile importante pot fi definite, de asemenea, ca informații pe care un investitor rezonabil le-ar considera importante în luarea unei decizii de investiții sau de vot. În măsura în care sunt considerate aplicabile având în vedere natura, dimensiunea și localizarea întreprinderilor, aceste recomandări privind publicarea informațiilor pot fi, de asemenea, un instrument util

pentru îmbunătățirea guvernanței corporative în întreprinderile necotate la bursă; de exemplu, întreprinderile private sau de stat. Acest set de recomandări privind publicarea solicită informații periodice, oportune, fiabile, clare, complete, exacte și comparabile, suficient de detaliate, cu privire la toate aspectele importante referitoare la societate, inclusiv situația financiară, performanța, durabilitatea, proprietatea și guvernanța întreprinderii. De asemenea, acționarii sunt interesați de informațiile privind remunerația membrilor consiliului de administrație și a directorilor executivi, inclusiv de legătura dintre remunerație și performanța pe termen lung, durabilitatea și reziliența întreprinderii. Se așteaptă ca întreprinderile să comunice în timp util informații care să includă modificări semnificative ale politicilor de remunerare aplicate membrilor consiliului de administrație și cadrelor-cheie, precum și nivelurile sau cuantumurile remunerațiilor pe o bază standardizată și comparabilă, astfel încât investitorii să poată evalua costurile și beneficiile planurilor de remunerare și contribuția sistemelor de stimulente, cum ar fi sistemele de opțiuni pe acțiuni, la performanță. Tranzacțiile importante cu părțile afiliate și factorii de risc previzibili sunt informații relevante suplimentare care trebuie divulgate.

32. *Liniile directoare* includ un al doilea set de recomandări privind divulgarea informațiilor referitoare la conduita responsabilă a întreprinderilor, inclusiv efectul negativ real sau potențial al întreprinderii asupra oamenilor, mediului și societății, precum și procesele de diligență necesare aferente, care pot fi importante pentru luarea unei decizii de către un investitor și care pot fi, de asemenea, relevante pentru un set mai larg de părți interesate, inclusiv lucrătorii, reprezentanții lucrătorilor, comunitățile locale și societatea civilă, printre altele. În contextul divulgării, procesele de diligență necesară, astfel cum sunt descrise la alineatul (3), pot fi un mijloc util prin care întreprinderile se pot asigura că identifică și comunică în mod eficient, într-o manieră coerentă și credibilă, informații relevante privind comportamentul responsabil al întreprinderilor, inclusiv informații care pot fi semnificative. În acest fel, diligența necesară poate sprijini întreprinderile în identificarea riscurilor și impacturilor semnificative și poate spori relevanța, calitatea și comparabilitatea informațiilor furnizate în temeiul alineatelor (2) și (3). În plus, procesele de diligență necesară pot fi un mijloc de a asigura o raportare credibilă cu privire la obiectivele și angajamentele întreprinderii pentru care este posibil să nu existe ținte clar identificabile sau măsurabile. Mai multe jurisdicții permit sau impun luarea în considerare a intereselor părților interesate și multe întreprinderi furnizează informații cu privire la un set mai larg de subiecte decât performanța financiară, prin care pot demonstra angajamentul față de practicile comerciale responsabile și performanța acestora în general. Acest al doilea tip de divulgare - sau comunicarea cu publicul și cu alte părți direct afectate de activitățile sau relațiile de afaceri ale întreprinderii - se poate referi la entități care se extind dincolo de cele acoperite în conturile financiare ale întreprinderii. De exemplu, poate acoperi, de asemenea, informații privind activitățile subcontractanților, furnizorilor, partenerilor de (asociere în participațiune) sau ale altor persoane cu care întreprinderea are o relație de afaceri.

33. Cele două seturi de informații de la alineatul (2) și alineatul (3) sunt interconectate, iar unele informații pot fi relevante pentru ambele. Pentru a stabili ce informații ar trebui divulgate în temeiul alineatului (2), *Liniile directoare* utilizează conceptul de semnificativ (semnificație). Informațiile prevăzute la alineatul (2), inclusiv cele legate de aspecte legate de conduita responsabilă a întreprinderilor și de diligență necesară , ar putea fi, de asemenea, considerate semnificative dacă informațiile a căror omisiune sau inexactitate ar putea, în mod rezonabil, să influențeze evaluarea de către un investitor a valorii unei întreprinderi, a calendarului și a certitudinii fluxurilor de trezorerie viitoare ale unei întreprinderi sau deciziile de investiții sau deciziile de vot ale unui investitor. Determinarea informațiilor care sunt semnificative poate varia în timp și în funcție de contextul local, de circumstanțele specifice întreprinderii și de cerințele jurisdicționale. Utilizatorii de informații financiare și participanții la piață au nevoie de informații cu privire la riscurile semnificative previzibile în mod rezonabil, care pot include: riscuri specifice industriei sau zonelor geografice în care întreprinderea își desfășoară activitatea; dependența de mărfuri și de lanțurile de aprovizionare; riscuri ale pieței financiare, inclusiv riscul ratei dobânzii sau riscul valutar; riscuri legate de instrumentele derivate și de tranzacțiile în afara bilanțurilor; riscuri de conduită în afaceri; riscuri de securitate digitală; riscuri de conformitate; și riscuri legate de durabilitate, în special riscuri legate de climă. Unele jurisdicții pot, de asemenea, să solicite sau să recomande divulgarea aspectelor legate de

durabilitate esențiale pentru forța de muncă a unei întreprinderi și pentru principalele părți interesate sau pentru influența unei întreprinderi asupra riscurilor care nu pot fi diversificate.

34. În ceea ce privește informațiile divulgate în temeiul alineatului (3), riscurile și impactul care nu par să fie semnificative din punct de vedere financiar, dar care sunt relevante pentru oameni și pentru planetă, pot fi semnificative din punct de vedere financiar pentru o întreprindere la un moment dat.

35. Recomandările privind divulgarea de informații din prezentul capitol și din *Liniile directoare* nu ar trebui să impună întreprinderilor sarcini administrative sau costuri nerezonabile. De asemenea, întreprinderile nu ar trebui să divulge informații care le-ar putea periclita poziția concurențială, cu excepția cazului în care divulgarea este necesară pentru informarea completă a deciziilor unui investitor și pentru a evita inducerea în eroare a investitorilor.

36. Informațiile ar trebui să fie pregătite și divulgate în conformitate cu standardele de contabilitate și de publicare recunoscute la nivel internațional. Un audit extern anual ar trebui efectuat de un auditor independent, competent și calificat, în conformitate cu standardele de audit, etice și de independență recunoscute la nivel internațional, pentru a oferi o asigurare rezonabilă că situațiile financiare sunt întocmite în toate aspectele semnificative în conformitate cu un cadru de raportare financiară aplicabil.

37. Multe întreprinderi au adoptat măsuri menite să le ajute să respecte legea și standardele de conduită în afaceri pentru a spori transparența operațiunilor lor. Un număr tot mai mare de întreprinderi au emis coduri voluntare de conduită corporativă, care sunt expresia angajamentelor față de standardele internaționale sau valorile etice în domenii precum mediul, inclusiv schimbările climatice, biodiversitatea, drepturile omului, standardele de muncă, protecția consumatorilor sau impozitarea. Sistemele de management specializate au fost sau sunt în curs de dezvoltare și continuă să evolueze cu scopul de a le ajuta să respecte aceste angajamente - acestea implică sisteme informatice, proceduri operaționale și cerințe de formare.

38. Întreprinderile pot fi obligate să raporteze în conformitate cu standarde mai largi de divulgare a informațiilor impuse de autoritățile de reglementare sau de listare și, în cazul în care acest lucru este în concordanță cu cerințele juridice și de divulgare a informațiilor unei jurisdicții, ar trebui să încerce să adopte și să se alinieze la cele mai bune practici globale emergente și la standardele de dezvăluire a informațiilor în evoluție, de exemplu în ceea ce privește clima și emisiile. Întreprinderile cooperează cu ONG-urile și organizațiile interguvernamentale în vederea elaborării unor standarde de raportare care să sporească capacitatea întreprinderilor de a comunica modul în care activitățile lor influențează rezultatele dezvoltării durabile.

39. Întreprinderile sunt încurajate să comunice în mod pro activ informații relevante privind conduita responsabilă în afaceri, să furnizeze informații ușor accesibile, ușor de utilizat, în timp util, exacte, clare și complete, pentru a asigura un acces economic la informațiile publicate și să ia în considerare utilizarea tehnologiilor informației pentru atingerea acestui obiectiv. Informațiile care sunt puse la dispoziția utilizatorilor de pe piețele interne ar trebui să fie, de asemenea, puse la dispoziția tuturor utilizatorilor interesați, ținând seama de accesibilitate. Întreprinderile ar trebui să încerce să se asigure că informațiile sunt prezentate în mod corespunzător pentru diferite categorii de public țintă și ia măsuri speciale pentru a pune informațiile la dispoziția comunităților care nu au acces la mass-media online sau tipărită (de exemplu, pentru comunitățile îndepărtate sau sărace care sunt direct afectate de activitățile întreprinderii).

40. Revizuirea informațiilor privind conduita responsabilă în afaceri de către o entitate independentă, competentă și calificată, în conformitate cu standardele de asigurare recunoscute la nivel internațional, poate fundamenta și spori încrederea în informațiile prezentate și poate contribui la o raportare de calitate superioară și comparabilă.

# IV. Drepturile Omului

Statele au datoria de a proteja drepturile omului. Întreprinderile ar trebui, în cadrul drepturilor omului recunoscute la nivel internațional, să respecte obligațiile internaționale în materie de drepturile omului ale țărilor în care își desfășoară activitatea, precum și legile și reglementările interne relevante:

1. Să respecte drepturile omului, ceea ce înseamnă că ar trebui să evite încălcarea drepturilor omului ale altora și ar trebui să abordeze impactul negativ asupra drepturilor omului cu care sunt implicate.
2. În contextul propriilor activități, să evite să provoace sau să contribuie la efecte negative asupra drepturilor omului și să abordeze astfel de efecte atunci când acestea apar.
3. Să caute modalități de a preveni sau de a atenua impacturile negative asupra drepturilor omului care sunt direct legate de operațiunile, produsele sau serviciile lor de afaceri printr-o relație de afaceri, chiar dacă nu contribuie la aceste impacturi.
4. Să aibă un angajament de politică disponibil publicului privind respectarea drepturilor omului.
5. Să aplice măsurile de precauție privind drepturile omului, în funcție de dimensiunea lor, de natura și contextul operațiunilor și de gravitatea riscurilor de impact negativ asupra drepturilor omului.
6. Să asigure sau să coopereze prin procese legitime la remedierea efectelor negative asupra drepturilor omului în cazul în care identifică că au cauzat sau au contribuit la aceste efecte.

## Comentariu la capitolul IV. Drepturile Omului

41. Acest capitol se deschide cu o introducere care stabilește cadrul pentru recomandările specifice privind respectarea drepturilor omului de către întreprinderi. Acesta se bazează pe „Cadrul de protecție, respectare și remediere pentru întreprinderi și drepturile omului" al Organizației Națiunilor Unite și este în conformitate cu Principiile directoare privind întreprinderile și drepturile omului pentru punerea sa în aplicare, precum și cu Declarația tripartită de principii privind întreprinderile multinaționale și politica socială a OIM.

42. Preambulul și primul paragraf recunosc că statele au datoria de a proteja drepturile omului și că întreprinderile, indiferent de mărimea, sectorul, contextul operațional, proprietatea și structura lor, ar trebui să respecte drepturile omului oriunde își desfășoară activitatea. Respectarea drepturilor omului reprezintă standardul global de conduită așteptat din partea întreprinderilor, independent de capacitatea și/sau dorința statelor de a-și îndeplini obligațiile în materie de drepturile omului, și nu diminuează aceste obligații.

43. Faptul că un stat nu reușește fie să aplice legislația internă relevantă, fie să pună în aplicare obligațiile internaționale privind drepturile omului sau faptul că poate acționa contrar acestor legi sau obligații internaționale, nu diminuează așteptările ca întreprinderile să respecte drepturile omului. În țările în care legile și reglementările interne intră în conflict cu drepturile omului recunoscute la nivel internațional, întreprinderile ar trebui să caute modalități de a le respecta în cea mai mare măsură care nu le pune în situația de a încălca legislația internă, în conformitate cu punctul 2 din capitolul privind conceptele și principiile.

44. În toate cazurile și indiferent de țară sau de contextul specific al operațiunilor întreprinderilor, ar trebui să se facă trimitere cel puțin la drepturile omului recunoscute la nivel internațional și exprimate în Carta internațională a drepturilor omului, care constă în Declarația universală a drepturilor omului și principalele instrumente prin care aceasta a fost codificată: Pactul internațional cu privire la drepturile civile

și politice și Pactul internațional cu privire la drepturile economice, sociale și culturale, precum și la principiile privind drepturile fundamentale stabilite în Declarația Organizației Internaționale a Muncii privind principiile și drepturile fundamentale la locul de muncă.

45. Întreprinderile pot avea un impact asupra practic întregului spectru de drepturi ale omului recunoscute la nivel internațional. În practică, unele drepturi ale omului pot fi expuse unui risc mai mare de a fi afectate decât altele în anumite industrii sau contexte și, prin urmare, vor face obiectul unei atenții sporite. Cu toate acestea, situațiile se pot schimba, astfel încât toate drepturile ar trebui să facă obiectul unei revizuiri periodice. În funcție de circumstanțe, întreprinderile pot fi nevoite să ia în considerare standarde suplimentare. De exemplu, întreprinderile ar trebui să respecte drepturile persoanelor aparținând unor grupuri sau populații specifice care necesită o atenție deosebită, în cazul în care acestea pot afecta drepturilor omului. Întreprinderile ar trebui să acorde o atenție specială oricărei atingeri a drepturilor persoanelor, de exemplu apărătorilor drepturilor omului, care pot fi expuși unui risc sporit din cauza marginalizării, vulnerabilității sau a altor circumstanțe, individual sau ca membri ai anumitor grupuri sau populații, inclusiv populațiile indigene. Îndrumările OCDE în materie de diligență necesară, inclusiv liniile directoare OCDE în materie de diligență necesară privind conduita responsabilă în afaceri, liniile directoare OCDE în materie de diligență necesară privind implicarea semnificativă a părților interesate în sectorul extractiv și liniile directoare OCDE-FAO pentru lanțurile de aprovizionare agricole responsabile oferă orientări practice suplimentare în această privință, inclusiv în ceea ce privește consimțământul liber, prealabil și în cunoștință de cauză (FPIC). Instrumentele Organizației Națiunilor Unite au elaborat cu privire la drepturile popoarelor indigene (Declarația ONU privind drepturile populațiilor indigene); persoanele care aparțin minorităților naționale sau etnice, religioase și lingvistice; femeile; copiii; persoanele cu handicap; lucrătorii imigranți și familiile acestora. În plus, în situații de conflict armat, întreprinderile ar trebui să respecte standardele dreptului umanitar internațional. În contextul unui conflict armat sau al unui risc sporit de abuzuri grave, întreprinderile ar trebui să manifeste o diligență sporită în ceea ce privește efectele negative, inclusiv încălcările dreptului internațional umanitar. Instrumentele Organizației Națiunilor Unite au elaborat cu privire la drepturile popoarelor indigene (Declarația ONU privind drepturile populațiilor indigene); persoanele care aparțin minorităților naționale sau etnice, religioase și lingvistice; femeile; copiii; persoanele cu handicap; lucrătorii imigranți și familiile acestora. În plus, în situații de conflict armat, întreprinderile ar trebui să respecte standardele dreptului umanitar internațional. În contextul unui conflict armat sau al unui risc sporit de abuzuri grave, întreprinderile ar trebui să manifeste o diligență sporită în ceea ce privește efectele negative, inclusiv încălcările dreptului internațional umanitar.

46. La alineatul (1), abordarea efectelor negative reale și potențiale asupra drepturilor omului constă în luarea de măsuri adecvate pentru identificarea acestora, prevenirea, atunci când este posibil, atenuarea impactului potențial asupra drepturilor omului, remedierea atingerilor reale și contabilizarea modului în care sunt abordate atingerile asupra drepturilor omului. Termenul „încălcare" se referă la impactul negativ pe care o întreprindere îl poate avea asupra drepturilor omului ale persoanelor.

47. Alineatul (2) recomandă întreprinderilor să evite să cauzeze sau să contribuie la afectează drepturile omului prin propriile activități și să abordeze astfel de situații atunci când acestea apar. „Activitățile" pot include atât acțiuni, cât și omisiuni. În cazul în care o întreprindere cauzează sau poate afectează drepturile omului, aceasta ar trebui să ia măsurile necesare pentru a stopa sau preveni aceasta. În cazul în care o întreprindere contribuie sau poate contribui la o astfel de atingere, aceasta ar trebui să ia măsurile necesare pentru a înceta sau a preveni participarea sa și să își folosească influența pentru a atenua orice afectare a acestuia în cea mai mare măsură posibilă. Se consideră că există o pârghie atunci când întreprinderea are capacitatea de a produce schimbări în practicile unei entități care afectează drepturile omului.

48. Alineatul (3) abordează situații mai complexe în care o întreprindere nu a contribuit la o atingere a drepturilor omului, dar atingerea respectivă este totuși direct legată de operațiunile, produsele sau serviciile sale prin relația sa comercială cu o altă entitate. Alineatul (3) nu este menit să transfere responsabilitatea de la entitatea care afectează drepturile omului la întreprinderea cu care aceasta are o

relație de afaceri. Îndeplinirea așteptărilor de la alineatul (3) ar presupune ca o întreprindere, acționând singură sau în cooperare cu alte entități, după caz, să își folosească și, după caz, să își sporească influența pentru a influența entitatea care afectează drepturile omului să prevină sau să atenueze atingerea respectivă. „Relațiile de afaceri" includ relațiile cu partenerii de afaceri, entitățile din lanțul său de aprovizionare și orice altă entitate nestatală sau statală direct legată de operațiunile, produsele sau serviciile sale comerciale. Printre factorii care vor interveni în determinarea acțiunii adecvate în astfel de situații se numără influența întreprinderii asupra entității în cauză, cât de crucială este relația pentru întreprindere, gravitatea impactului și dacă încetarea relației cu entitatea în sine ar avea aduce atingere drepturilor omului.

49. Alineatul (4) recomandă întreprinderilor să își exprime angajamentul de a respecta drepturile omului printr-o declarație de politică disponibilă publicului, care:(i) este aprobată la cel mai înalt nivel al întreprinderii; (ii) este fundamentată pe expertiză internă și/sau externă relevantă; (iii) stipulează așteptările întreprinderii în materie de drepturile omului de la personal, parteneri de afaceri și alte părți direct legate de operațiunile, produsele sau serviciile sale; (iv) este comunicată intern și extern întregului personal, partenerilor de afaceri și altor părți relevante; (v) se reflectă în politicile și procedurile operaționale necesare pentru a o integra în întreaga întreprindere.

50. Alineatul (5) recomandă întreprinderilor să efectueze un proces de diligență necesară privind drepturile omului. Procesul presupune evaluarea afectării reale și potențiale asupra drepturilor omului, integrarea constatărilor și luarea de măsuri în consecință, urmărirea răspunsurilor, precum și comunicarea modului în care atingerea este abordată. Diligența necesară cu privire la drepturile omului poate fi inclusă în cadrul unor sisteme mai ample de gestionare a riscurilor întreprinderii, cu condiția ca aceasta să meargă dincolo de simpla identificare și gestionare a riscurilor materiale pentru întreprindere și să includă riscurile pentru titularii de drepturi. Este un exercițiu continuu, care recunoaște că riscurile la adresa drepturilor omului se pot schimba în timp, pe măsură ce operațiunile și contextul operațional al întreprinderii evoluează. La punctele A.11 - A.13 din capitolul privind politicile generale și comentariile la acestea sunt furnizate orientări complementare privind diligența necesară, inclusiv în ceea ce privește lanțurile de aprovizionare, și răspunsurile adecvate la riscurile care apar în lanțurile de aprovizionare. În plus, au fost elaborate orientări suplimentare pentru sectoare specifice și aspecte legate de riscuri, precum și la nivel trans sectorial, prin intermediul liniilor directoare OCDE privind diligența necesară și comportamentul responsabil al întreprinderilor. Efectuarea unei diligențe necesare în domeniul drepturilor omului poate implica luarea în considerare a unor riscuri distincte și intersectate, inclusiv a celor legate de caracteristicile individuale sau de grupurile vulnerabile sau marginalizate. Angajamentul semnificativ al părților interesate este important în această privință, iar examinarea modalităților de maximizare a rezultatelor dezvoltării durabile pentru aceste grupuri poate fi, de asemenea, relevantă.

51. Atunci când întreprinderile identifică, prin procesul lor de diligență privind drepturile omului sau prin alte mijloace, că au cauzat sau au contribuit la o atingere a drepturilor omului, liniile directoare recomandă ca întreprinderile să asigure sau să coopereze la remedierea acestuia prin procese legitime. Întreprinderile ar trebui să stabilească sau să participe la procese care să permită remedierea. Unele situații necesită cooperarea cu mecanisme judiciare sau nejudiciare de stat. În alte situații, mecanismele de soluționare a plângerilor la nivel operațional pentru persoanele potențial afectate de activitățile întreprinderilor pot fi un mijloc eficient de a asigura astfel de procese atunci când îndeplinesc criteriile de bază de: legitimitate, accesibilitate, previzibilitate, echitate, compatibilitate cu liniile directoare, transparență, compatibilitate cu drepturile, fiind o sursă de învățare continuă și se bazează pe dialog și angajament în vederea găsirii unor soluții convenite. Astfel de mecanisme pot fi administrate de o întreprindere singură sau în colaborare cu alte părți interesate și pot fi o sursă de învățare continuă. Mecanismele de soluționare a plângerilor la nivel operațional nu ar trebui să fie utilizate pentru a submina rolul sindicatelor în soluționarea litigiilor legate de muncă și nici nu ar trebui să împiedice accesul la mecanismele judiciare sau nejudiciare de soluționare a plângerilor, inclusiv la punctele naționale de contact prevăzute de Liniile directoare.

# V. Ocuparea forței de muncă și relații industriale

Întreprinderile ar trebui, în cadrul legislației aplicabile, al reglementărilor și al practicilor predominante în materie de relații de muncă și de ocupare a forței de muncă și al standardelor internaționale de muncă aplicabile, să evite orice practici ilegale în materie de ocupare a forței de muncă și de relații industriale și în conformitate cu așteptările privind diligența necesară descrise în capitolele II și IV:

1.

a) Să respecte dreptul lucrătorilor de a înființa sau de a se alătura sindicatelor și organizațiilor reprezentative la alegerea lor, inclusiv prin evitarea interferenței cu alegerea lucrătorilor de a înființa sau de a se alătura unui sindicat sau unei organizații reprezentative la alegerea lor.

b) Să respecte dreptul lucrătorilor de a avea sindicate și organizații reprezentative la alegerea lor recunoscute în scopul negocierilor colective și să se angajeze în negocieri constructive, fie individual, fie prin intermediul asociațiilor patronale, cu astfel de reprezentanți în vederea ajungerii la acorduri privind termenii și condițiile de muncă.

c) să contribuie la abolirea efectivă a muncii copiilor și să ia măsuri imediate și eficiente pentru a asigura eliminarea celor mai grave forme de muncă a copiilor în regim de urgență

d) să contribuie la eliminarea tuturor formelor de muncă forțată sau obligatorie și să adopte măsuri imediate și eficiente în vederea eliminării muncii forțate sau obligatorii în regim de urgență.

e) Să se ghideze în toate operațiunile lor după principiul egalității de șanse și de tratament în ceea ce privește încadrarea în muncă și să nu discrimineze lucrătorii lor în ceea ce privește încadrarea în muncă sau ocupația pe motive de rasă, culoare, sex, vârstă, religie, opinie politică, extracție națională sau origine socială, persoane cu handicap sau alt statut, cu excepția cazului în care selectivitatea privind caracteristicile lucrătorilor urmărește politicile guvernamentale stabilite care promovează în mod specific o mai mare egalitate de șanse în ceea ce privește încadrarea în muncă sau este legată de cerințele inerente ale unui loc de muncă.

f) Să asigure un mediu de lucru sigur și sănătos, în conformitate cu Declarația OIM privind principiile și drepturile fundamentale la locul de muncă.

2.

a) Să ofere reprezentanților lucrătorilor facilitățile necesare pentru a contribui la elaborarea unor acorduri colective eficiente.

b) Să furnizeze în timp util reprezentanților lucrătorilor informațiile necesare pentru negocieri semnificative privind condițiile de muncă.

c) Să furnizeze lucrătorilor și reprezentanților acestora informații care să le permită să obțină o imagine reală și corectă a performanței entității sau, după caz, a întreprinderii în ansamblu.

3. Să promoveze consultarea și cooperarea între angajatori și lucrători și reprezentanții acestora prin procese, structuri sau mecanisme legitime cu privire la chestiuni de interes reciproc.

4.

a) Să respecte standardele de ocupare a forței de muncă, acordurile contractuale și relațiile industriale pe tot parcursul operațiunilor lor.

b) Atunci când întreprinderile multinaționale operează în alte țări, salariile, beneficiile și condițiile de muncă oferite în cadrul operațiunilor lor nu ar trebui să fie mai puțin favorabile lucrătorilor decât cele oferite de angajatori comparabili din țara gazdă. Atunci când nu există angajatori comparabili, întreprinderile ar trebui să ofere cele mai bune salarii, beneficii și condiții de muncă posibile, în cadrul politicilor guvernamentale și al standardelor internaționale aplicabile. Acestea ar trebui să fie legate de poziția economică a întreprinderii, dar ar trebui să fie cel puțin adecvate pentru a satisface nevoile de bază ale lucrătorilor și ale familiilor acestora.

c) Să mențină cele mai înalte standarde de securitate și sănătate la locul de muncă.

5. În cadrul operațiunilor lor, în cea mai mare măsură posibilă, să angajeze lucrători locali și să ofere formare în vederea îmbunătățirii nivelului de calificare, în cooperare cu reprezentanții lucrătorilor și, după caz, cu autoritățile guvernamentale competente.

6. Atunci când iau în considerare modificări ale operațiunilor lor care ar avea efecte majore asupra ocupării forței de muncă, în special în cazul închiderii unei entități care implică concedieri colective sau concedieri, notifică în mod rezonabil aceste modificări reprezentanților lucrătorilor afectați și organizațiilor acestora și, după caz, autorităților guvernamentale competente și cooperează cu reprezentanții lucrătorilor și cu autoritățile guvernamentale competente pentru a atenua, în măsura posibilului, efectele negative ale acestor modificări. Ținând seama de circumstanțele specifice fiecărui caz, ar fi oportun ca conducerea să fie în măsură să ofere o astfel de notificare înainte de luarea deciziei finale. Pot fi utilizate și alte mijloace pentru a oferi o cooperare semnificativă în vederea atenuării efectelor unor astfel de decizii.

7. În contextul unor negocieri de bună credință cu reprezentanții lucrătorilor cu privire la condițiile de angajare sau în timp ce lucrătorii își exercită dreptul de organizare, să nu amenințe cu transferul total sau parțial al unei unități operaționale din țara în cauză și nici cu transferul lucrătorilor din entitățile componente ale întreprinderilor din alte țări pentru a influența în mod incorect aceste negocieri sau pentru a împiedica exercitarea dreptului de organizare sau negociere colectivă.

8. Să permită reprezentanților autorizați ai lucrătorilor pe care îi angajează să negocieze cu privire la negocierile colective sau la aspectele legate de relațiile de muncă-patronat și să permită părților să se consulte cu privire la aspectele de interes comun cu reprezentanții conducerii care sunt autorizați să ia decizii cu privire la aceste aspecte.

## Comentariu la capitolul V. Ocuparea forței de muncă și relații industriale

52. Acest capitol se deschide cu o introducere care include o trimitere la legislația și reglementările „aplicabile", menită să recunoască faptul că întreprinderile multinaționale, deși își desfășoară activitatea sub jurisdicția anumitor țări, pot face obiectul unor reglementări naționale și internaționale privind ocuparea forței de muncă și relațiile industriale. Termenii „relații de muncă predominante" și „practici de angajare" sunt suficient de largi pentru a permite o varietate de interpretări în lumina diferitelor circumstanțe naționale - de exemplu, diferite opțiuni de negociere oferite lucrătorilor în temeiul legilor și reglementărilor naționale.

53. Organizația Internațională a Muncii (OIM) este organismul competent pentru stabilirea și aplicarea standardelor internaționale de muncă și pentru promovarea drepturilor fundamentale la locul de muncă, astfel cum sunt recunoscute în Declarația sa privind principiile și drepturile fundamentale la locul de muncă. Liniile directoare, ca instrument neobligatoriu, au un rol de jucat în promovarea respectării acestor standarde și principii în rândul întreprinderilor multinaționale. Dispozițiile capitolului din orientări reiau dispozițiile relevante din declarație, precum și Declarația tripartită de principii privind întreprinderile

multinaționale și politica socială a OIM (Declarația OIM privind întreprinderile multinaționale). Declarația OIM privind întreprinderile multinaționale stabilește principii în domeniile ocupării forței de muncă, formării, condițiilor de muncă și relațiilor industriale, în timp ce Orientările OCDE acoperă toate aspectele majore ale comportamentului întreprinderilor. Liniile directoare ale OCDE și Declarația OIM privind întreprinderile multinaționale se referă la comportamentul așteptat din partea întreprinderilor și sunt menite să fie paralele și să nu intre în conflict una cu cealaltă. Prin urmare, Declarația OIM privind întreprinderile multinaționale poate fi utilă pentru înțelegerea Orientărilor, în măsura în care are un grad mai mare de elaborare. Cu toate acestea, responsabilitățile pentru procedurile de monitorizare în temeiul Declarației OIM privind întreprinderile multinaționale și al orientărilor sunt separate din punct de vedere instituțional.

54. Terminologia utilizată în capitolul V este conformă cu cea utilizată în Declarația OIM privind întreprinderile multinaționale. Este recunoscut faptul că, în absența unui raport de muncă, se așteaptă totuși ca întreprinderile să acționeze în conformitate cu recomandările privind diligența necesară bazată pe riscuri și lanțul de aprovizionare de la punctele A.11-A.14 din capitolul II privind politicile generale. Acest lucru este relevant în special în sectoarele în care contractele în forma scrisă, modalitățile de lucru pe termen scurt, deficitul de muncă decentă și transformarea digitală pot fi mai frecvente.

55. Aceste recomandări nu interferează cu adevăratele relații civile și comerciale, ci urmăresc mai degrabă să se asigure că persoanele aflate într-o relație de muncă beneficiază de protecția care li se cuvine în contextul orientărilor.

56. Alineatul (1) al acestui capitol este conceput pentru a se face ecoul tuturor principiilor și drepturilor fundamentale la locul de muncă care sunt cuprinse în Declarația OIM privind principiile și drepturile fundamentale la locul de muncă, și anume libertatea de asociere și dreptul la negociere colectivă, abolirea efectivă a muncii copiilor, eliminarea tuturor formelor de muncă forțată sau obligatorie, nediscriminarea la angajare și la profesie și promovarea unui mediu de lucru sigur și sănătos. Aceste principii și drepturi au fost dezvoltate sub forma unor drepturi și obligații specifice în convențiile OIM recunoscute ca fundamentale.

57. Punctul 1c) recomandă ca întreprinderile multinaționale să contribuie la abolirea efectivă a muncii copiilor în sensul Declarației OIM privind principiile și drepturile fundamentale la locul de muncă. Instrumentele de lungă durată ale OIM privind munca copiilor sunt Convenția 138 și Recomandarea 146 (ambele adoptate în 1973), referitoare la vârsta minimă de angajare, și Convenția 182 și Recomandarea 190 ale OIM privind cele mai grave forme de muncă a copiilor. Prin practicile lor de gestionare a forței de muncă, prin crearea de locuri de muncă de înaltă calitate, bine plătite și decente și prin contribuția lor la creșterea economică, întreprinderile multinaționale pot juca un rol pozitiv în abordarea cauzelor profunde ale sărăciei în general și ale muncii copiilor în special. Este important să recunoaștem și să încurajăm rolul întreprinderilor multinaționale în contribuția la găsirea unei soluții durabile la problema muncii copiilor. În această privință, este de remarcat în special creșterea nivelului de educație al copiilor care trăiesc în țările gazdă.

58. Punctul 1d) recomandă întreprinderilor să contribuie la eliminarea tuturor formelor de muncă forțată și obligatorie, un alt principiu derivat din Declarația OIM privind principiile și drepturile fundamentale la locul de muncă și recunoscut ca drept al omului de a nu fi supus muncii forțate și obligatorii în Pactul internațional cu privire la drepturile civile și politice (PIDCP). Trimiterea la acest drept fundamental al muncii se bazează pe Convenția OIM nr. 29 din 1930 și Protocolul său din 2014 și pe Convenția nr. 105 din 1957. Convenția 29 solicită guvernelor să „suprime utilizarea muncii forțate sau obligatorii sub toate formele sale în cel mai scurt timp posibil", în timp ce Convenția 105 solicită guvernelor să „suprime și să nu utilizeze nicio formă de muncă forțată sau obligatorie" în anumite scopuri enumerate (de exemplu, ca mijloc de constrângere politică sau disciplină a muncii) și „să ia măsuri eficiente pentru a asigura [abolirea] imediată și completă a acesteia". „. În același timp, se înțelege că OIM este organismul competent să se ocupe de problema dificilă a muncii în închisori, în special atunci când este vorba de închirierea de deținuți către persoane private, întreprinderi sau asociații (sau punerea lor la dispoziția acestora). Întreprinderile ar trebui

să ia măsurile necesare pentru a preveni traficul de persoane, inclusiv în scopul muncii forțate, și pentru a aborda mijloacele coercitive, inclusiv servitutea pentru datorii. Întreprinderile ar trebui să răspundă la indicatorii stabiliți în Indicatorii OIM privind munca forțată și să consolideze transparența în ceea ce privește acțiunile întreprinse pentru a aborda riscurile de muncă forțată asociate cu operațiunile, produsele și serviciile lor.

59. Se consideră că trimiterea la principiul nediscriminării în ceea ce privește încadrarea în muncă și ocuparea forței de muncă de la alineatul (1) litera (e) se aplică unor termeni și condiții precum angajarea, atribuirea postului, concedierea, plata și beneficiile, promovarea, transferul sau relocarea, încetarea activității, formarea și pensionarea. Lista motivelor nepermise de discriminare, care este preluată din Convenția OIM 111 privind discriminarea (încadrarea în muncă și ocuparea forței de muncă), Convenția OIM 100, Convenția 183 privind protecția maternității, Convenția 159 privind încadrarea în muncă (persoane cu handicap), Recomandarea 162 privind lucrătorii în vârstă și Recomandarea 200 privind HIV și SIDA la locul de muncă, consideră că orice distincție, excludere sau preferință bazată pe aceste motive constituie o încălcare a convențiilor, recomandărilor și codurilor. Termenul „alt statut" în sensul orientărilor se referă la activitatea sindicală și la caracteristici personale precum vârsta, handicapul, sexul, sarcina, starea civilă, orientarea sexuală sau statutul HIV. În conformitate cu dispozițiile de la alineatul (1) litera (e), se așteaptă ca întreprinderile să promoveze egalitatea de șanse pentru toți, cu un accent special pe egalitatea criteriilor de selecție, remunerare, formare și promovare și pe aplicarea egală a acestor criterii, și să prevină discriminarea sau concedierea pe motive de căsătorie, sarcină sau a lucrătorilor cu responsabilități familiale. Relevantă în această privință este Convenția OIM 190 privind violența și hărțuirea.

60. Alineatul (1) litera (f) recomandă tuturor întreprinderilor să asigure un mediu de lucru sigur și sănătos, inclusiv prin prevenirea accidentelor și a vătămărilor sănătății care decurg din, sunt legate de sau au loc în cursul muncii, prin reducerea la minimum, în măsura în care este rezonabil posibil, a cauzelor pericolelor inerente mediului de lucru.

61. La punctul 2c) din acest capitol, se așteaptă ca informațiile furnizate de întreprinderi lucrătorilor și reprezentanților acestora să ofere o „imagine reală și corectă" a performanței. Acestea se referă la următoarele: structura întreprinderii, situația și perspectivele sale economice și financiare, efectele sale negative asupra sănătății și securității mediului, tendințele în materie de ocupare a forței de muncă și schimbările substanțiale preconizate în cadrul operațiunilor, ținând seama de cerințele legitime de confidențialitate a afacerilor. Din considerente ale confidențialității comerciale se poate ca informațiile privind anumite puncte nu pot fi furnizate sau nu pot fi furnizate fără garanții.

62. Referirea la formele consultative de participare a lucrătorilor din alineatul (3) al capitolului este preluată din Recomandarea 94 a OIM privind consultarea și cooperarea între angajatori și lucrători la nivelul întreprinderii. De asemenea, aceasta este conformă cu o dispoziție cuprinsă în Declarația OIM privind întreprinderile multinaționale. Astfel de acorduri consultative nu ar trebui să înlocuiască dreptul lucrătorilor de a negocia termenii și condițiile de angajare. O recomandare privind acordurile consultative cu privire la modalitățile de lucru face, de asemenea, parte din alineatul 8.

63. La alineatul (4), standardele de ocupare a forței de muncă și de relații industriale sunt înțelese ca incluzând remunerarea și organizarea timpului de lucru. Trimiterea la sănătatea și securitatea la locul de muncă implică faptul că se așteaptă ca întreprinderile multinaționale să respecte standardele de reglementare și normele industriale în vigoare pentru a reduce la minimum riscul de accidente și de vătămări ale sănătății care decurg din, sunt legate de sau au loc în cursul activității profesionale. Acest lucru încurajează întreprinderile să depună eforturi pentru a crește nivelul de performanță în ceea ce privește sănătatea și securitatea la locul de muncă în toate părțile activității lor, chiar și atunci când acest lucru nu este cerut în mod oficial de reglementările existente în țările în care își desfășoară activitatea. De asemenea, încurajează întreprinderile să respecte capacitatea lucrătorilor de a se retrage dintr-o situație de muncă atunci când există o justificare rezonabilă pentru a crede că aceasta prezintă un risc iminent și

grav pentru sănătate sau securitate. Reflectând importanța lor și complementaritatea dintre recomandările conexe, preocupările privind sănătatea și securitatea sunt reluate și în alte părți ale orientărilor, în special în capitolele privind interesele consumatorilor și mediul. Recomandarea 194 a OIM privind lista bolilor profesionale oferă o listă indicativă a bolilor profesionale, precum și coduri de practică și ghiduri care pot fi luate în considerare de întreprinderi pentru punerea în aplicare a acestei recomandări din orientări. În partea IV (Acțiuni la nivelul întreprinderilor) a Convenției OIM privind securitatea și sănătatea în muncă nr. 155 și în Orientările privind sistemele de management al securității și sănătății în muncă (ILO-OSH) sunt disponibile orientări suplimentare pentru întreprinderi privind sănătatea și securitatea în muncă.

64. Recomandarea de la punctul 5 al capitolului încurajează întreprinderile multinaționale să recruteze la nivel local forță de muncă într-o proporție adecvată, inclusiv personal de conducere, și să asigure formarea acestuia. Formarea pentru perfecționare și recalificare ar trebui să anticipeze schimbările viitoare ale operațiunilor și nevoile angajatorilor, inclusiv cele care răspund schimbărilor tehnologice societale și de mediu, riscurilor și oportunităților legate de automatizare, digitalizare, tranziție echitabilă și dezvoltare durabilă. Formularea din acest alineat privind formarea și nivelurile de calificare completează textul de la punctul A.4 din capitolul Politici generale privind încurajarea formării capitalului uman. Referirea la lucrătorii locali completează textul care încurajează consolidarea capacităților locale de la punctul A.3 din capitolul Politici generale. În conformitate cu Recomandarea 195 a OIM privind dezvoltarea resurselor umane, întreprinderile sunt, de asemenea, încurajate să investească, în cea mai mare măsură posibilă, în formare și învățare pe tot parcursul vieții, asigurând în același timp șanse egale la formare pentru femei și alte grupuri vulnerabile, cum ar fi tinerii, persoanele slab calificate, persoanele cu handicap, imigranții, lucrătorii în vârstă și populațiile indigene.

65. Întreprinderile au un rol important de jucat în promovarea și crearea de locuri de muncă decente. Alineatul (6) recomandă ca întreprinderile să informeze în mod rezonabil reprezentanții lucrătorilor și autoritățile guvernamentale competente cu privire la modificările din activitatea lor care ar avea efecte majore asupra mijloacelor de subzistență ale lucrătorilor, în special închiderea unei entități sau trecerea la automatizare, care implică concedieri colective sau pe scară largă. După cum se menționează în aceasta, scopul acestei dispoziții este de a oferi o oportunitate de cooperare pentru a atenua efectele unor astfel de schimbări. Acesta este un principiu important care este reflectat pe scară largă în legislația și practicile privind relațiile industriale ale țărilor aderente, deși abordările adoptate pentru a asigura posibilitatea unei cooperări semnificative nu sunt identice în toate țările aderente. De asemenea, alineatul menționează că ar fi oportun ca, având în vedere circumstanțele specifice, conducerea să poată da o astfel de notificare înainte de decizia finală. Într-adevăr, notificarea înainte de decizia finală este o caracteristică a legislației și practicilor în materie de relații industriale în mai multe țări aderente. Cu toate acestea, nu este singurul mijloc de a asigura o oportunitate de cooperare semnificativă pentru a atenua efectele unor astfel de decizii, iar legile și practicile altor state aderente prevăd alte mijloace, cum ar fi perioade definite în care trebuie să aibă loc consultări înainte de punerea în aplicare a deciziilor.

# VI. Mediul Înconjurător

Întreprinderile joacă un rol esențial în promovarea economiilor durabile și pot contribui la furnizarea unui răspuns eficient și progresiv la provocările de mediu globale, regionale și locale, inclusiv la amenințarea urgentă a schimbărilor climatice. În cadrul legilor, reglementărilor și practicilor administrative din țările în care operează și ținând cont de acordurile internaționale relevante, de principiile, obiectivele și standardele relevante, întreprinderile ar trebui să își desfășoare activitățile într-un mod care să ia în considerare necesitatea protejării mediului și, la rândul său, să protejeze lucrătorii, comunitățile și societatea în general. Acestea ar trebui să evite și să abordeze impact asupra mediului și să contribuie la obiectivul mai larg de dezvoltare durabilă. Întreprinderile pot fi implicate într-o gamă largă de impact asupra mediului, care includ, printre altele:

a) schimbările climatice;

b) pierderea biodiversității;

c) degradarea ecosistemelor terestre, marine și de apă dulce;

d) defrișările;

e) poluarea aerului, apei și solului;

f) gestionarea deficitară a deșeurilor, inclusiv a substanțelor periculoase.

Diferențele importante între impact asupra mediului sunt detaliate în comentariul acestui capitol, inclusiv în ceea ce privește schimbările climatice și modul în care relația unei întreprinderi cu acest impact ar trebui considerată în contextul cadrelor relevante.

În mod specific, întreprinderile ar trebui:

1. Să stabilească și să mențină un sistem de management al mediului adecvat, legat de operațiunile, produsele și serviciile întreprinderii pe întregul lor ciclu de viață, inclusiv prin realizarea unei diligențe corespunzătoare bazată pe risc, așa cum este descris în Capitolul II, pentru impact asupra mediului, inclusiv prin:
    a) identificarea și evaluarea impactului asupra mediului asociate operațiunilor, produselor sau serviciilor unei întreprinderi, inclusiv prin colectarea și evaluarea de informații adecvate și la timp cu privire la impacturile negative asociate acestora, și, unde activitățile pot avea impact semnificativ asupra mediului, pregătirea unei evaluări adecvate a impactului asupra mediului;
    b) stabilirea și implementarea unor obiective măsurabile, ținte și strategii pentru abordarea impactului asupra mediului asociate operațiunilor, produselor și serviciilor, precum și pentru îmbunătățirea performanței de mediu. Țintele ar trebui să fie bazate pe știință, să fie în concordanță cu politicile naționale relevante și angajamentele internaționale și să fie informate de cele mai bune practici;
    c) verificarea periodică a eficacității strategiilor și monitorizarea progresului către atingerea obiectivelor și țintelor de mediu, precum și revizuirea periodică a relevanței continue a obiectivelor, țintelor și strategiilor;

d) furnizarea publicului, lucrătorilor și altor părți interesate relevante de informații adecvate, măsurabile, verificabile (unde este aplicabil) și la timp cu privire la impactul asupra mediului asociat operațiunilor, produselor și serviciilor lor, bazate pe cele mai bune informații disponibile și pe progresul față de țintele și obiectivele descrise la paragraful 1.b;

e) oferirea de soluții sau cooperarea în remedierea, dacă este necesar, a impactului asupra mediului cauzat sau la care a contribuit întreprinderea, și utilizarea influenței pentru a determina alte entități care cauzează sau contribuie la impactul asupra mediului să le remedieze.

Să se angajeze într-o implicare semnificativă cu părțile interesate afectate de impactul asupra mediului asociat operațiunilor, produselor sau serviciilor întreprinderii.

În concordanță cu înțelegerea științifică și tehnică a riscurilor, atunci când există amenințări de daune grave sau ireversibile asupra mediului, luând în considerare și sănătatea și siguranța umană, să nu folosească lipsa certitudinii științifice depline ca motiv pentru amânarea măsurilor rentabile de prevenire sau minimizare a acestor daune.

Să mențină planuri de contingență pentru prevenirea, atenuarea și controlul daunelor grave asupra mediului și sănătății, provenite din operațiunile lor, inclusiv accidente și urgențe; și mecanisme pentru raportarea imediată către autoritățile competente.

Să caute în mod continuu să îmbunătățească performanța de mediu la nivelul întreprinderii și, unde este potrivit, al entităților cu care au relații de afaceri, inclusiv prin:

f) adoptarea, unde este fezabil, a celor mai bune tehnologii disponibile pentru a îmbunătăți performanța de mediu;

g) dezvoltarea și furnizarea de produse sau servicii care nu au impact nejustificat asupra mediului, sunt sigure în utilizarea lor intenționată, sunt durabile, reparabile și pot fi reutilizate, reciclate sau eliminate în siguranță și care sunt produse într-un mod ecologic sănătos care utilizează resursele naturale în mod sustenabil, minimizează pe cât posibil consumul de energie și materiale, precum și generarea de poluare, emisii de gaze cu efect de seră și deșeuri, în special deșeuri periculoase;

h) promovarea unor niveluri mai ridicate de conștientizare în rândul clienților cu privire la implicațiile de mediu ale utilizării produselor și serviciilor întreprinderii, inclusiv prin furnizarea de informații relevante și exacte cu privire la impacturile asupra mediului (de exemplu, emisii de gaze cu efect de seră, impacturi asupra biodiversității, eficiența resurselor, reparabilitate și reciclabilitate sau alte aspecte legate de mediu).

Să ofere educație și formare adecvată lucrătorilor în domeniile sănătății și siguranței mediului, inclusiv în managementul materialelor periculoase și nepericuloase și al deșeurilor, precum și în prevenirea accidentelor de mediu, precum și în domenii mai generale de management al mediului, cum ar fi procedurile de evaluare a impactului asupra mediului, relațiile publice și tehnologiile ecologice. Să ofere sprijin, inclusiv construirea capacităților în managementul mediului, furnizorilor și altor relații de afaceri, în special întreprinderilor mici și mijlocii și micilor deținători, unde este potrivit și fezabil.

Să contribuie la dezvoltarea politicilor publice ecologic responsabile și economic eficiente, de exemplu prin parteneriate sau inițiative care vor spori conștientizarea și protecția mediului.

## Comentariu la Capitolul VI: Mediul Înconjurător

66. Atingerea obiectivelor de mediu necesită o abordare la nivelul întregii societăți. Îndrumările stabilesc așteptările privind modul în care întreprinderile ar trebui să evite și să abordeze impactul negative asupra mediului și să contribuie la atingerea obiectivelor de atenuare și adaptare la schimbările climatice;

conservarea, restaurarea și utilizarea durabilă a diversității biologice; utilizarea durabilă, eficientă și legală a terenurilor, resurselor și energiei; consumul și producția durabile, inclusiv prin promovarea abordărilor economiei circulare; și prevenirea, reducerea și controlul poluării. Angajamentele internaționale, acordurile multilaterale și alte cadre de reglementare reprezintă un reper important pentru înțelegerea problemelor și așteptărilor legate de mediu. Unele acorduri internaționale conțin obiective guvernamentale colective și pot să nu ofere prescripții detaliate privind responsabilitățile individuale ale întreprinderilor în legătură cu aceste obiective. În astfel de cazuri, cadrele de reglementare relevante, politica națională și standardele larg recunoscute de management al mediului și măsuri de protecție, precum și dovezile științifice, sunt referințe importante. Textul Capitolului Mediului reflectă în linii mari principiile și obiectivele conținute în Declarația de la Rio privind Mediul și Dezvoltarea, în Agenda 21 (din cadrul Declarației de la Rio) și în Agenda 2030 a Națiunilor Unite pentru Dezvoltare Durabilă. Este, de asemenea, în concordanță cu Convenția-cadru a ONU privind Schimbările Climatice (UNFCCC), Acordul de la Paris, Convenția privind Diversitatea Biologică, Cadrul Global pentru Biodiversitate Kunming-Montreal, convențiile regionale relevante privind accesul la informații, participarea publicului și justiția în problemele de mediu, Convenția ONU pentru Combaterea Deșertificării, acordurile regionale relevante privind mediul și reflectă standardele conținute în astfel de instrumente precum Standardul ISO pentru Sistemele de Management al Mediului, Standardele de Performanță Socială și de Mediu ale Corporației Financiare Internaționale și Abordarea Strategică pentru Managementul Internațional al Substanțelor Chimice (SAICM).

67. În contextul Liniilor Directoare, "managementul mediului" ar trebui interpretat în cel mai larg sens, încorporând activități orientate către înțelegerea impactului și riscurilor asupra mediului, evitarea și abordarea impactului asupra mediului legate de operațiunile, produsele și serviciile unei întreprinderi, ținând cont de ponderea întreprinderii în impacturile cumulative și căutând în mod continuu să îmbunătățească performanța de mediu a unei întreprinderi. Managementul mediului implică, de asemenea, efectuarea diligenței bazate pe risc în ceea ce privește impactul asupra mediului. Conform Capitolului II, natura și amploarea diligenței de mediu vor depinde de circumstanțele unei întreprinderi. Limitările în realizarea diligenței de mediu pot include lipsa de date sau tehnologii disponibile privind mediul. Diligența va implica, de asemenea, prioritizare bazată pe riscuri. Va depinde, de asemenea, de măsura în care impactul asupra mediului asociat operațiunilor, produselor sau serviciilor întreprinderii este previzibil în mod rezonabil. Managementul mediului este o parte importantă a dezvoltării durabile și poate implica reconcilierea unei game largi de priorități, inclusiv cele stabilite în prioritățile și obiectivele naționale pentru dezvoltare durabilă. Managementul mediului este atât o responsabilitate, cât și o oportunitate pentru întreprinderi. Întreprinderile multinaționale au un rol de jucat în ambele sensuri. Managerii acestor întreprinderi ar trebui, prin urmare, să acorde o atenție adecvată problemelor de mediu în strategiile lor de afaceri. Îmbunătățirea performanței de mediu necesită un angajament față de o abordare sistematică și o îmbunătățire continuă a sistemului. Un sistem de management al mediului oferă cadrul intern necesar pentru a integra considerațiile de mediu în operațiunile de afaceri. Implementarea unui astfel de sistem ar trebui să asigure acționarii, lucrătorii, comunitățile și alte părți interesate relevante că întreprinderea lucrează activ pentru a proteja mediul de impactul activităților sale.

68. Introducerea acestui capitol specifică o listă neexhaustivă de impact asupra mediului care poate fi asociat activităților de afaceri. Multe activități ale întreprinderilor pot implica impact asupra mediului. Impactul asupra mediului îl reprezintă schimbările semnificative în mediu sau biotă, care au efecte nocive asupra compoziției, rezilienței, productivității sau capacității de susținere a ecosistemelor naturale și gestionate, sau asupra funcționării sistemelor socioeconomice sau asupra oamenilor. Impactul asupra mediului ar trebui evaluat în lumina celor mai bune date științifice disponibile. Conform Liniilor Directoare, așa cum este prevăzut în Capitolul II, o întreprindere "cauzează" un impact negativ asupra mediului dacă activitățile sale sunt suficiente, de sine stătătoare, pentru a genera acel impact. O întreprindere "contribuie la" un impact negativ asupra mediului dacă activitățile sale, în combinație cu activitățile altor entități, cauzează impactul, sau dacă activitățile întreprinderii cauzează, facilitează sau încurajează o altă entitate să cauzeze un impact. Impactul asupra mediului poate fi, de asemenea, legat direct de operațiunile,

produsele sau serviciile unei întreprinderi printr-o relație de afaceri, chiar dacă acestea nu contribuie la acel impact.

69. Impactul asupra mediului poate fi colectiv și interconectat sau izolat; pot fi localizat sau transfrontalier. În timp ce unele impacturi asupra mediului sunt bine înțelese, amploarea, natura și cauza altora pot fi mai puțin înțelese, în evoluție sau chiar necunoscute. Prin urmare, în unele cazuri, va fi posibil să se evalueze, pe baza științei și informațiilor disponibile, în ce măsură o întreprindere contribuie la un impact asupra mediului; în alte cazuri, o astfel de evaluare poate fi dificilă. În contextul celei din urmă situații, în scopul Liniilor Directoare, evaluarea contribuției unei întreprinderi la impact ar trebui să ia în considerare măsura în care activitățile sale sunt conforme cu standardele larg recunoscute, procesele de management al mediului și măsurile de protecție privind bunele practici de mediu; reperele și standardele stabilite în regulile și cadrele de reglementare aplicabile privind mediul; și acordurile internaționale relevante.

70. Impactul asupra mediului este adesea strâns legat de alte aspecte acoperite de Ghiduri, cum ar fi sănătatea și siguranța, impacturile asupra lucrătorilor și comunităților, accesul la mijloace de trai sau drepturile de proprietate asupra terenurilor. În plus, efectuarea diligenței de mediu și gestionarea impacturilor negative asupra mediului vor implica adesea luarea în considerare a mai multor priorități de mediu, sociale și de dezvoltare. Preambulul Acordului de la Paris ia în considerare imperativul unei tranziții juste, al forței de muncă și al creării de muncă decentă și de calitate, în conformitate cu prioritățile naționale de dezvoltare, și recunoaște că, atunci când se iau măsuri pentru a aborda schimbările climatice, părțile ar trebui să respecte, să promoveze și să ia în considerare obligațiile lor respective. În acest sens, este important ca întreprinderile să evalueze și să abordeze impactul social în contextul activităților lor de management al mediului și diligență și să ia măsuri pentru a preveni și a atenua astfel de impact atât în tranziția lor de la practici dăunătoare mediului, cât și în tranziția către industrii sau practici mai ecologice, cum ar fi utilizarea energiei regenerabile. Respectarea drepturilor lucrătorilor, inclusiv implicarea în dialog social și negocieri colective, așa cum este prevăzut în Capitolul V, și implicarea semnificativă cu părțile interesate relevante și, unde este relevant, practicarea unei dezangajări responsabile, așa cum este prevăzut în Capitolul II, vor fi importante în acest sens.

71. Pe lângă îmbunătățirea performanței de mediu, instituirea unui sistem de management al mediului poate oferi beneficii economice întreprinderilor prin reducerea costurilor operaționale și de asigurare, îmbunătățirea conservării energiei și resurselor, reducerea taxelor de conformitate și de responsabilitate, creșterea durabilității și rezilienței, îmbunătățirea accesului la capital și competențe, satisfacția sporită a clienților și relații mai bune cu comunitatea și publicul.

72. Comunicarea cu privire la impactul asupra mediului asociat operațiunilor, produselor și serviciilor unei întreprinderi, precum și implicarea semnificativă a părților interesate, sunt o componentă a diligenței și pot fi, de asemenea, cerute de lege. Standardele de raportare, cum ar fi Global Reporting Initiative și alte standarde de raportare de mediu, oferă referințe utile. Vezi, de asemenea, Capitolul III despre Dezvăluire. Implicarea semnificativă și comunicarea cu părțile interesate, cum ar fi angajații, clienții, investitorii, furnizorii, contractanții, comunitățile locale, persoanele sau grupurile aflate în situații de vulnerabilitate sau marginalizare, persoanele cu drepturi speciale sau legitime de proprietate asupra terenurilor și Popoarele Indigene, și cu publicul larg, este deosebit de importantă acolo unde acestea sunt sau pot fi afectate de astfel de impacturi și acolo unde resursele de mediu sunt rare sau în pericol, fie în context regional, național sau internațional.

73. Întreprinderile sunt încurajate să adopte modele de consum și producție durabile, inclusiv prin eficiența resurselor, economia circulară și alte modele. Prin astfel de practici, întreprinderile pot reduce semnificativ impactul asupra mediului. Eficiența resurselor promovează utilizarea mai eficientă și mai eficace a resurselor și materialelor, inclusiv prin furnizarea ecologică de materii prime. În plus, abordările economiei circulare sunt relevante, acolo unde este cazul, ca una dintre metodele disponibile pentru a atinge dezvoltarea durabilă. În funcție de prioritățile și circumstanțele naționale, economia circulară este

un model în care produsele și materialele sunt proiectate astfel încât să poată fi reutilizate, reparate, remanufacturate, reciclate sau recuperate și, prin urmare, să fie menținute în economie cât mai mult timp posibil, împreună cu resursele din care sunt fabricate, și în care generarea de deșeuri, în special deșeuri periculoase, este evitată sau minimizată, iar emisiile de gaze cu efect de seră sunt prevenite și reduse.

74. Premisa de bază a Liniilor directoare este că întreprinderile ar trebui să acționeze cât mai curând posibil și într-un mod pro activ pentru a evita impactul asupra mediului.

75. Liniile directoare nu intenționează să reinterpreteze niciun instrument existent sau să creeze noi angajamente sau precedente din partea guvernelor - ele sunt menite doar să recomande modul în care abordarea precaută ar trebui să fie implementată la nivelul întreprinderilor. Se recunoaște că este necesară o anumită flexibilitate în aplicarea acestei abordări, în funcție de contextul specific în care este realizată. Se recunoaște, de asemenea, că guvernele determină cadrul de bază în acest domeniu în funcție de capacitățile lor și au responsabilitatea de a consulta periodic părțile interesate cu privire la cele mai adecvate modalități de avansare, asigurând transparența și o abordare bazată pe știință.

76. Întreprinderile au un rol important în contribuția către emisii net-zero de gaze cu efect de seră și o economie rezistentă la schimbările climatice, necesară pentru atingerea obiectivelor convenite internațional privind atenuarea și adaptarea la schimbările climatice. În timpul procesului de tranziție către emisii net-zero de gaze cu efect de seră, multe activități comerciale vor implica un anumit nivel de emisii de gaze cu efect de seră sau reducerea absorbantelor de carbon. Întreprinderile ar trebui să asigure că emisiile lor de gaze cu efect de seră și impactul asupra absorbantelor de carbon sunt în concordanță cu obiectivele globale de temperatură convenite internațional, bazate pe cele mai bune date științifice disponibile, inclusiv cele evaluate de către Grupul Interguvernamental de Experți privind Schimbările Climatice (IPCC).

77. Aceasta include introducerea și implementarea de politici, strategii și planuri de tranziție bazate pe știință pentru atenuarea și adaptarea la schimbările climatice, precum și adoptarea, implementarea, monitorizarea și raportarea țintelor de atenuare pe termen scurt, mediu și lung. Aceste ținte ar trebui să fie bazate pe știință, să includă ținte absolute și, acolo unde este relevant, ținte de reducere a emisiilor de GES (gaze cu efect de seră) bazate pe intensitate și să ia în considerare emisiile din domeniul 1, 2 și, în măsura posibilului, pe baza celor mai bune informații disponibile, emisiile din domeniul 3. Va fi important să se raporteze, să se revizuiască și să se actualizeze țintele în mod regulat în ceea ce privește adecvarea și relevanța lor, bazate pe cele mai recente dovezi științifice disponibile și pe măsură ce sunt dezvoltate și actualizate diferite căi de tranziție specifice naționale sau industriale. Întreprinderile ar trebui să prioritizeze eliminarea sau reducerea surselor de emisii în locul compensării, neutralizării sau altor măsuri de compensare. Creditele de carbon sau compensările pot fi considerate ca o soluție de ultimă instanță pentru a aborda emisiile care nu pot fi reduse. Creditele de carbon sau compensările ar trebui să aibă o integritate ecologică ridicată și să nu distragă atenția de la necesitatea reducerii emisiilor și să nu contribuie la blocarea proceselor și infrastructurilor intensive în emisii de gaze cu efect de seră. Întreprinderile ar trebui să raporteze public despre dependența lor de creditele de carbon sau compensări și despre caracteristicile relevante ale acestora. Această raportare ar trebui să fie distinctă de și complementară raportării privind reducerea emisiilor.

78. Utilizarea influenței și furnizarea de tehnologie în condiții reciproc acceptabile, asistența tehnică și finanțarea către furnizori și alte relații de afaceri pentru eforturile de atenuare și adaptare la schimbările climatice vor fi cruciale pentru atingerea obiectivelor și abordarea impactului.

79. Obținerea rezilienței și adaptării climatice este o componentă critică a răspunsului global pe termen lung la schimbările climatice pentru protejarea oamenilor și a ecosistemelor și va necesita implicarea și sprijinul tuturor segmentelor societății. Întreprinderile ar trebui să evite activitățile care subminează adaptarea climatică pentru comunități, lucrători și ecosisteme.

80. Conservarea diversității biologice și managementul durabil și utilizarea resurselor naturale și a ecosistemelor, inclusiv, de exemplu, pădurile, oceanele, turbăriile și zonele umede, este de o importanță majoră pentru sănătatea umană și mijloacele de trai, pentru supraviețuirea speciilor, precum și pentru atenuarea și adaptarea la schimbările climatice. Întreprinderile ar trebui să contribuie la conservarea diversității biologice, la utilizarea durabilă a componentelor acesteia și la partajarea echitabilă și justă a beneficiilor care decurg din utilizarea resurselor genetice. Întreprinderile ar trebui, de asemenea, să evite și să abordeze degradarea terenurilor, marinelor și apelor dulci, inclusiv defrișările, în conformitate cu obiectivele Obiectivelor de Dezvoltare Durabilă ale ONU, în special 15.2, Planul Strategic al ONU pentru Păduri 2017-2030 și Declarația Liderilor de la Glasgow din 2021 privind Pădurile și Utilizarea Terenurilor, care urmăresc să oprească și să inverseze pierderea pădurilor și degradarea terenurilor până în 2030. Eforturile ar trebui să includă realizarea unei diligențe sporite în ceea ce privește potențialul impact negativ asupra biodiversității în parcurile naționale, rezervațiile și alte zone protejate, inclusiv siturile de Patrimoniu Natural Mondial UNESCO, zonele protejate conform Convenției privind Diversitatea Biologică și așa cum sunt definite în legislația națională, precum și asupra speciilor protejate. Acolo unde este potrivit și conform capacităților proprii și legislației naționale din țările în care operează, întreprinderile ar trebui, de asemenea, să contribuie la managementul durabil al terenurilor și pădurilor, inclusiv la restaurare, împădurire și reîmpădurire, inclusiv la reducerea degradării terenurilor, apelor marine și apelor dulci. Eforturile întreprinderilor de prevenire sau atenuare a impactului negativ asupra biodiversității ar trebui să fie ghidate de ierarhia de atenuare a impacturilor asupra biodiversității, care recomandă, în primul rând, evitarea daunelor asupra biodiversității, reducerea sau minimizarea acestora acolo unde evitarea nu este posibilă și utilizarea compensărilor și restaurării ca o ultimă soluție pentru impacturile negative care nu pot fi evitate.

81. Impactul negativ asupra mediului, în special în contextul degradării biodiversității și a terenurilor, apelor marine și apelor dulci, poate fi legat de guvernarea responsabilă a drepturilor de proprietate asupra terenurilor, pădurilor și pescăriilor. După cum se menționează în Îndrumările Voluntare privind Guvernarea Responsabilă a Proprietății asupra Terenurilor, Pescăriilor și Pădurilor în Contextul Securității Alimentare Naționale (VGGT), guvernarea responsabilă a proprietății asupra terenurilor, pădurilor și pescăriilor poate juca un rol în sprijinirea utilizării durabile a mediului. În acest context, VGGT-urile solicită investiții care să nu cauzeze daune și să protejeze împotriva deposedării deținătorilor legitimi ai drepturilor de proprietate și împotriva daunelor asupra mediului.

82. Îndrumările încurajează, de asemenea, întreprinderile să lucreze pentru a ridica nivelul de performanță de mediu în toate părțile operațiunilor lor, chiar și acolo unde acest lucru nu este formal impus de practica existentă în țările în care operează. În acest sens, întreprinderile ar trebui să țină cont de efectele lor sociale și economice asupra țărilor în curs de dezvoltare.

83. De exemplu, întreprinderile multinaționale au adesea acces la tehnologii existente și inovatoare sau la proceduri de operare care, dacă sunt aplicate, ar putea ajuta la îmbunătățirea performanței de mediu în general. Întreprinderile multinaționale sunt frecvent considerate lideri în domeniile lor respective, astfel încât potențialul unui "efect de demonstrație" asupra altor întreprinderi nu ar trebui să fie neglijat. Asigurarea că mediul din țările în care operează întreprinderile multinaționale beneficiază, de asemenea, de tehnologiile și practicile disponibile și inovatoare este un mod important de a construi sprijin pentru activitățile internaționale de investiții în general.

84. Întreprinderile au un rol important de jucat în formarea și educarea angajaților lor și a altor părți interesate în ceea ce privește aspectele legate de managementul mediului. Acestea sunt încurajate să își îndeplinească această responsabilitate într-un mod cât mai larg posibil, în special în domenii direct legate de sănătatea și siguranța umană. Întreprinderile ar trebui, de asemenea, să comunice politicile, cerințele și standardele lor de mediu într-un mod clar și accesibil relațiilor lor de afaceri.

85. Întreprinderile ar trebui să respecte standardele privind bunăstarea animalelor care sunt aliniate cu Codul Terestru al Organizației Mondiale pentru Sănătatea Animalelor (WOAH). Un animal

experimentează o bunăstare bună dacă este sănătos, confortabil, bine hrănit, în siguranță, nu suferă de stări neplăcute precum durere, frică și stres și poate exprima comportamente importante pentru starea sa fizică și mentală. Bunăstarea animalelor necesită prevenirea bolilor și îngrijirea veterinară adecvată, adăpost, management și nutriție, un mediu stimulant și sigur, manipulare umană și sacrificare sau ucidere umană. În plus, întreprinderile ar trebui să adere la îndrumările pentru transportul animalelor vii dezvoltate de organizațiile internaționale relevante.

# VII. Combaterea Mitei și a Altelor Forme de Corupție

Efectele negative asupra aspectelor vizate de Liniile Directoare sunt adesea permise prin intermediul corupției. Astfel, implementarea de către o întreprindere a unor măsuri eficiente de combatere a corupției este o contribuție importantă la evitarea altor efecte negative în ariile vizate de Liniile Directoare. Întreprinderile nu ar trebui să se implice în nicio formă de luare sau dare de mită sau alte forme de corupție.

În special, întreprinderile ar trebui:

1. Să nu se angajeze în niciun act de corupție, inclusiv oferirea, promisiunea sau acordarea oricărui avantaj necuvenit funcționarilor publici sau angajaților persoanelor sau entităților cu care o întreprindere are o relație de afaceri sau rudelor sau asociaților acestora. De asemenea, întreprinderile nu ar trebui să solicite, să fie de acord sau să accepte niciun avantaj necuvenit de la funcționari publici sau angajații persoanelor sau entităților cu care o întreprindere are o relație de afaceri. Întreprinderile nu ar trebui să folosească terțe părți sau alți intermediari, inclusiv, printre altele, agenți, consultanți, reprezentanți, distribuitori, consorții, contractanți, furnizori sau asociați pentru a canaliza avantaje necuvenite către funcționari publici sau angajații persoanelor sau entităților cu care o întreprindere are o relație de afaceri sau către rudele sau asociații acestora.
2. Să elaboreze și să adopte programe adecvate care să vizeze controalele interne, programe de etică și conformitate sau măsuri pentru prevenirea, detectarea și combaterea luării și dării de mită și altor forme de corupție, dezvoltate pe baza unei evaluări bazate pe risc, ținând cont de circumstanțele individuale ale unei întreprinderi, în special factorii de risc ai întreprinderii legați de mită și alte forme de corupție (inclusiv, printre altele, sectorul geografic și industrial de operare, alte probleme de conduită responsabilă în afaceri, mediul de reglementare, tipul de relații de afaceri, tranzacțiile cu guverne străine și utilizarea terților). Aceste controale interne, programe de etică și conformitate sau măsuri ar trebui să includă un sistem de proceduri financiare și contabile, inclusiv un sistem de controale interne, proiectat rezonabil pentru a asigura menținerea unor registre, evidențe și conturi corecte și precise, pentru a se asigura că nu pot fi folosite pentru a se angaja sau ascunde acte de mită sau alte acte de corupție. Astfel de circumstanțe și riscuri individuale ar trebui monitorizate și reevaluate în mod regulat, după cum este necesar, pentru a determina alocarea resurselor de conformitate și pentru a asigura că controalele interne ale întreprinderii, programele de etică și conformitate sau măsurile sunt adaptate și continuă să fie eficiente și să atenueze riscul ca întreprinderile să fie implicate în mită sau alte forme de corupție. Aceste controale interne, programe de etică și conformitate sau măsuri pentru prevenirea și detectarea tuturor formelor de corupție ar trebui să includă, de asemenea, efectuarea diligenței bazate pe risc, așa cum este descris în Capitolul II.
3. Să interzică sau să descurajeze, în cadrul controalelor interne ale companiei și prin programe sau măsuri de etică și conformitate, utilizarea unor plăți de facilitare mici, care sunt în general ilegale în țările unde sunt efectuate, și, atunci când astfel de plăți sunt făcute, să le înregistreze cu exactitate în registrele și evidențele financiare.

4. Să asigure, ținând cont de riscurile specifice legate de luarea și darea de mită și alte forme de corupție, diligența corespunzător documentată în ceea ce privește angajarea, precum și supravegherea adecvată și regulată a agenților, și să se asigure că remunerația agenților este corespunzătoare și doar pentru servicii legitime. Acolo unde este relevant, o listă actualizată a agenților implicați în tranzacții cu organisme publice și întreprinderi de stat ar trebui păstrată și pusă la dispoziția autorităților competente, în conformitate cu cerințele aplicabile de publicare. Întreprinderile ar trebui să ia măsuri pentru a se asigura că agenții lor evită exercitarea unei influențe ilicite și respectă standardele profesionale în relațiile lor cu funcționarii publici.
5. Să sporească transparența activităților lor în lupta împotriva luării și dării de mită și altor forme de corupție și să promoveze o cultură a integrității. Măsurile ar putea include i) sprijin puternic, explicit și vizibil și angajamentul din partea consiliului de administrație sau a unui organism de conducere echivalent și a conducerii superioare pentru controalele interne, programele de etică și conformitate ale întreprinderii; ii) o politică corporativă clar articulată și vizibilă care interzice mita și alte forme de corupție, accesibilă tuturor angajaților și terților relevanți, inclusiv, printre altele, filialelor străine, agenților și altor intermediari; și iii) dezvăluirea sistemelor de management și a controalelor interne, programelor de etică și conformitate sau a măsurilor adoptate de întreprinderi pentru a onora aceste angajamente. Întreprinderile ar trebui, de asemenea, să promoveze deschiderea și dialogul cu publicul pentru a promova conștientizarea și cooperarea acestuia în lupta împotriva luării și dării de mită și altor forme de corupție. Întreprinderile sunt încurajate să dezvăluie, fără a aduce atingere legilor și cerințelor naționale, orice abatere legată de mită și alte forme de corupție, precum și măsurile adoptate pentru a aborda cazurile de mită suspectată și alte forme de corupție. Aceste măsuri pot include, dar nu se limitează la procese pentru identificarea, investigarea și raportarea abaterilor și angajarea genuină și pro activă cu autoritățile de aplicare a legii.
6. Să promoveze conștientizarea și respectarea politicilor întreprinderii și controalele interne, programele de etică și conformitate sau măsurile împotriva luării și dării de mită și altor forme de corupție, în rândul angajaților și al persoanelor sau entităților legate printr-o relație de afaceri, prin diseminarea adecvată a acestor politici, programe sau măsuri și prin programe de formare și proceduri disciplinare care iau în considerare barierele lingvistice, culturale și tehnologice aplicabile.
7. Să nu aducă contribuții ilegale unor candidați la funcții publice, către partide politice sau către alte organizații legate de partide politice sau candidați politici. Contribuțiile politice ar trebui să respecte pe deplin legile naționale, inclusiv cerințele de publicare a informațiilor, și ar trebui să necesite aprobarea superiorilor ierarhici. Acest lucru include îndatorirea întreprinderilor de a nu obliga lucrătorii să susțină un candidat politic sau o organizație politică.

## Comentariu la Capitolul VII: Combaterea luării și dării de mită, precum și a altelor forme de corupție

86. Termenii „luare și dare de mită” și „alte forme de corupție” ar trebui interpretați în mod consecvent cu instrumentele menționate mai jos. Corupția include mita funcționarilor publici sau a angajaților persoanelor sau entităților legate prin relații de afaceri. De asemenea, aceasta poate cuprinde trafic de influență, delapidare și utilizarea necorespunzătoare a sponsorizărilor și donațiilor caritabile. Întreprinderile nu ar trebui, de exemplu, să ofere, să promită, să dea sau să ceară, direct sau indirect, o mită sau un alt avantaj nejustificat pentru a obține sau păstra o afacere sau un alt avantaj necorespunzător. Întreprinderile ar trebui, de asemenea, să reziste la solicitarea de mită și la extorcare. Deși un conflict de interese nu este ipso facto corupție, există o recunoaștere tot mai mare că conflictele dintre interesele private și obligațiile publice ale funcționarilor publici, dacă sunt gestionate inadecvat, ar putea duce la corupție. *Convenția privind Combaterea Mitei Funcționarilor Publici Străini în Tranzacțiile Comerciale Internaționale*

*[OCDE/LEGAL/0293]* (*Convenția Anti-Mită a OCDE*) a intrat în vigoare la 15 februarie 1999. *Convenția Anti-Mită a OCDE, împreună cu Recomandarea pentru Combaterea în Continuare a Mitei Funcționarilor Publici Străini în Tranzacțiile Comerciale Internaționale [OCDE/LEGAL/0378]* (Recomandarea Anti-Mită), *Recomandarea privind Măsurile Fiscale pentru Combaterea în Continuare a Mitei Funcționarilor Publici Străini în Tranzacțiile Comerciale Internaționale [OCDE/LEGAL/0371], Recomandarea privind Mita și Creditele de Export cu Suport Oficial [OCDE/LEGAL/0447]* și *Recomandarea pentru Actorii de Cooperare pentru Dezvoltare privind Gestionarea Riscului de Corupție [OCDE/LEGAL/0431]*, sunt instrumentele de bază ale OCDE care abordează oferirea de mită în tranzacțiile de mituire a funcționarilor publici străini. În mod colectiv, aceste instrumente au ca scop eliminarea „ofertelor" de mită către funcționarii publici străini, fiecare țară asumându-și responsabilitatea pentru activitățile întreprinderilor sale și pentru ceea ce se întâmplă în propria sa jurisdicție[2]. Un program de monitorizare riguroasă și sistematică a implementării de către țări a *Convenției OCDE Anti-Mită* și a acestor instrumente conexe a fost stabilit pentru a promova implementarea lor completă. Alte acte de corupție și riscuri de integritate sunt, de asemenea, abordate în *Recomandarea privind Integritatea Publică [OCDE/LEGAL/0435]; Recomandarea privind Principiile pentru Transparență și Integritate în Lobbying [OCDE/LEGAL/0379]; Recomandarea privind Îndrumările OCDE pentru Gestionarea Conflictelor de Interese în Serviciul Public [OCDE/LEGAL/0316]* și *Recomandarea privind Îndrumările privind Combaterea Corupției și Integritatea în Întreprinderile de Stat [OCDE/LEGAL/0451]*.

87. Corupția este dăunătoare instituțiilor democratice și guvernării corporațiilor. Corupția descurajează investițiile și distorsionează condițiile de concurență internațională. Dincolo de impactul economic, corupția poate avea efecte nocive, inclusiv, printre altele, subminarea stabilității globale, neaplicarea standardelor de mediu și a drepturilor muncii sau furnizarea de bunuri sub standard. În special, deturnarea fondurilor prin practici corupte subminează încercările cetățenilor de a atinge niveluri mai ridicate de bunăstare economică, socială și de mediu. Corupția afectează în mod disproporționat persoanele care aparțin grupurilor marginalizate sau vulnerabile și poate agrava inegalitățile de gen. Întreprinderile au un rol important în combaterea acestor practici, luând în considerare formele suprapuse de discriminare structurală legate de etnie, rasă, sex și orientare sexuală, printre alți factori, atunci când pun în aplicare controale, programe de etică și conformitate.

88. Integritatea, corectitudinea și transparența, atât în domeniul public, cât și în cel privat, sunt concepte-cheie în lupta împotriva luării și dării de mită și a altor forme de corupție. Comunitatea de afaceri, organizațiile neguvernamentale, guvernele și organizațiile interguvernamentale ar trebui să coopereze pentru a consolida sprijinul public pentru măsurile anticorupție și pentru a spori transparența și conștientizarea publică asupra problemelor de corupție și mită. Adoptarea unor practici adecvate de guvernanță corporativă este, de asemenea, un element esențial în promovarea unei culturi a eticii în cadrul întreprinderilor.

89. Recomandarea Anti-Mită recomandă în special guvernelor să încurajeze întreprinderile să dezvolte și să adopte controale interne adecvate, programe de etică și conformitate sau măsuri pentru

[2] În Convenția OCDE Anti-Mită, infracțiunea de mituire a funcționarilor străini este definită ca fiind „... oferirea, promisiunea sau acordarea oricărui avantaj pecuniar sau de altă natură, nejustificat, fie direct, fie prin intermediari, unui funcționar public străin, pentru acel funcționar sau pentru o terță parte, pentru ca acel funcționar să acționeze sau să se abțină de la a acționa în legătură cu îndeplinirea atribuțiilor oficiale, pentru a obține sau păstra o afacere sau un alt avantaj nejustificat în desfășurarea unei afaceri internaționale". Comentariile la Convenția OCDE Anti-Mită (paragraful 9) clarifică faptul că „plățile mici de 'facilitare' nu constituie plăți efectuate 'pentru a obține sau păstra o afacere sau alt avantaj nejustificat' în sensul paragrafului 1 și, în consecință, nu constituie o infracțiune. Astfel de plăți, care, în unele țări, sunt efectuate pentru a induce funcționarii publici să își îndeplinească funcțiile, cum ar fi eliberarea de licențe sau permise, sunt, în general, ilegale în țara străină în cauză. Alte țări pot și ar trebui să abordeze acest fenomen coroziv prin mijloace precum sprijinirea programelor de bună guvernanță". Recomandarea Anti-Mită (Secțiunea XIV.i) recomandă guvernelor să „se angajeze să își revizuiască periodic politicile și abordările privind plățile mici de facilitare pentru a combate în mod eficient fenomenul".

prevenirea și detectarea mitei străine, ținând cont de Ghidul de Bună Practică privind Controalele Interne, Etica și Conformitatea, inclus în Anexa II la Recomandarea Anti-Mită. Acest Ghid de Bună Practică se adresează întreprinderilor, inclusiv întreprinderilor de stat, precum și organizațiilor de afaceri și asociațiilor profesionale, și subliniază bunele practici pentru asigurarea eficienței controalelor interne, programelor de etică și conformitate sau măsurilor pentru prevenirea și detectarea mitei străine, inclusiv protecții pentru persoanele care raportează nereguli. Acesta este flexibil și este destinat să fie adaptat de către întreprinderi, în special întreprinderile mici și mijlocii, în funcție de circumstanțele lor individuale, inclusiv mărimea, tipul, structura juridică, sectorul geografic și industrial în care operează, precum și principiile legale de bază sub care operează. În plus, în scopul acestor Linii Directoare, controalele interne, programele de etică și conformitate sau măsurile legate de corupție ar trebui să includă și efectuarea diligenței bazate pe risc, în conformitate cu recomandările menționate în Capitolul II.

90. Acțiunea colectivă și implicarea semnificativă cu organizațiile societății civile locale și internaționale, cu organizațiile de afaceri, asociațiile profesionale și organizațiile internaționale pot, de asemenea, ajuta întreprinderile să conceapă și să implementeze mai bine politici anticorupție eficiente și să atenueze riscurile de corupție pe care o întreprindere nu le poate atenua individual.

91. Convenția Națiunilor Unite împotriva Corupției (UNCAC), care a intrat în vigoare la 14 decembrie 2005, stabilește o gamă largă de standarde, măsuri și reguli pentru combaterea corupției. Conform UNCAC, statele părți sunt obligate să interzică funcționarilor lor să primească mită și întreprinderilor lor să mituiască funcționari publici interni, precum și funcționari publici străini și funcționari ai organizațiilor publice internaționale și să ia în considerare interzicerea mitei în relațiile private. UNCAC și *Convenția OCDE Anti-Mită* se susțin și se completează reciproc.

92. Pentru a aborda partea de cerere a mitei, practicile de bună guvernanță sunt elemente importante pentru a preveni ca întreprinderile să fie solicitate să plătească mită. Atât guvernele de origine, cât și cele gazdă ar trebui să sprijine întreprinderile care se confruntă cu solicitarea de mită sau alte forme de corupție, să sporească conștientizarea și să ofere instruire funcționarilor publici relevanți, să ia în considerare promovarea inițiativelor de acțiune colectivă împreună cu reprezentanți ai sectorului privat și public, precum și organizații ale societății civile și, unde este cazul, să întreprindă acțiuni coordonate pentru a aborda solicitarea și acceptarea mitei. *Ghidul de Bună Practică privind Articolele Specifice ale Convenției* din Anexa II a *Recomandării Anti-Mită* afirmă că *Convenția OCDE Anti-Mită* ar trebui implementată în așa fel încât să nu ofere o apărare sau excepție atunci când funcționarul public străin solicită o mită. În plus, UNCAC impune incriminarea solicitării de mită de către funcționarii publici naționali.

# VIII. Interesele consumatorilor

Atunci când interacționează cu consumatorii, întreprinderile trebuie să acționeze în conformitate cu practicile corecte de afaceri, marketing și publicitate și trebuie să ia toate măsurile rezonabile pentru a asigura calitatea și fiabilitatea bunurilor și serviciilor pe care le furnizează. În mod special, ele ar trebui:

1. Să asigure că bunurile și serviciile pe care le oferă îndeplinesc toate standardele convenite sau cerute de lege pentru sănătatea și siguranța consumatorilor, inclusiv cele referitoare la avertismentele de sănătate și informațiile de siguranță, și să nu prezinte un risc nerezonabil pentru sănătatea sau siguranța consumatorilor în utilizarea previzibilă sau în utilizarea sau abuzul neprevăzut.
2. Să furnizeze informații precise, verificabile și clare, suficiente pentru a permite consumatorilor să ia decizii informate, inclusiv informații despre prețuri și, acolo unde este cazul, despre conținut, utilizarea sigură, atributele de mediu, întreținerea, depozitarea, eliminarea bunurilor și serviciilor și dezvăluirile relevante privind comerțul electronic, cum ar fi aspectele legate de confidențialitate, precum și informații despre opțiunile disponibile de soluționare a litigiilor și despăgubiri. Informațiile ar trebui prezentate într-un mod comprehensibil și ușor accesibil, utilizând un limbaj simplu, ținând cont de nevoile de accesibilitate pentru consumatorii cu dizabilități. Acolo unde este posibil, aceste informații ar trebui furnizate într-un mod care să faciliteze capacitatea consumatorilor de a compara produsele.
3. Să ofere consumatorilor acces la mecanisme de soluționare a disputelor care sunt corecte, ușor de utilizat, rapide și eficiente, fără costuri sau sarcini inutile.
4. Să nu facă reprezentări sau omisiuni și să nu se angajeze în alte practici care sunt înșelătoare, induc în eroare, frauduloase, nedrepte sau care subminează în alt mod alegerea consumatorilor în moduri care dăunează consumatorilor sau concurenței.
5. Să susțină eforturile de promovare a educației consumatorilor în domenii care au legătură cu activitățile lor comerciale, cu scopul de a îmbunătăți capacitatea consumatorilor de a: i) lua decizii informate în ceea ce privește bunurile, serviciile și piețele complexe, ii) înțelege mai bine impactul economic, de mediu și social al deciziilor lor și iii) sprijini consumul durabil.
6. Să protejeze confidențialitatea consumatorilor prin asigurarea că practicile întreprinderii legate de colectarea și utilizarea datelor consumatorilor sunt legale, transparente și corecte, permit participarea și alegerea consumatorilor și iau toate măsurile rezonabile pentru a asigura securitatea datelor personale pe care le colectează, stochează, procesează sau distribuie.
7. Să coopereze pe deplin cu autoritățile publice pentru a preveni și combate practicile de marketing abuzive sau înșelătoare (inclusiv publicitatea înșelătoare și frauda comercială) și pentru a reduce sau preveni amenințările grave la adresa sănătății și siguranței publice sau a mediului, care decurg din consumul, utilizarea sau eliminarea bunurilor și serviciilor lor.
8. Să ia în considerare, în aplicarea principiilor de mai sus, i) nevoile consumatorilor, în special ale celor care pot întâmpina vulnerabilități sau dezavantaje, și ii) provocările specifice pe care comerțul electronic le poate reprezenta pentru consumatori.

## Comentariu asupra Capitolului VIII: Interesele consumatorilor

93. Capitolul privind interesele consumatorilor din Liniile Directoare se bazează pe activitatea Comitetului pentru Politica Consumatorilor al OCDE și a Comitetului pentru Piețe Financiare, pe standardele relevante ale OCDE în domeniul protecției consumatorilor, precum și pe activitatea altor organizații, inclusiv Camera Internațională de Comerț, Organizația Internațională de Standardizare și Națiunile Unite, inclusiv Programul Națiunilor Unite pentru Mediu (de exemplu, Ghidurile ONU privind Politica Consumatorilor) și instrumentele relevante, inclusiv Codul de Publicitate și Comunicare de Marketing pentru publicitatea globală și marketingul responsabil, al Camerei Internaționale de Comerț.

94. Capitolul recunoaște că satisfacția consumatorilor și interesele conexe constituie o bază fundamentală pentru funcționarea de succes a întreprinderilor. De asemenea, recunoaște că piețele consumatorilor pentru bunuri și servicii au suferit transformări majore de-a lungul timpului. Reforma reglementărilor, piețele globale mai deschise, dezvoltarea noilor tehnologii care au transformat serviciile digitale și financiare și creșterea serviciilor pentru consumatori au fost agenți cheie ai schimbării, oferind consumatorilor o mai mare varietate de opțiuni și alte beneficii care derivă dintr-o concurență mai deschisă. În același timp, ritmul schimbării și complexitatea crescută a multor piețe au făcut, în general, mai dificilă compararea și evaluarea bunurilor și serviciilor de către consumatori. Mai mult, demografia consumatorilor s-a schimbat și ea de-a lungul timpului. Copiii devin forțe din ce în ce mai semnificative pe piață, la fel ca și numărul tot mai mare de adulți în vârstă. În timp ce consumatorii sunt, în general, mai educați, mulți dintre ei încă nu dețin abilitățile aritmetice și de alfabetizare necesare în piața actuală mai complexă și mai intensivă din punct de vedere al informațiilor. În plus, tot mai mulți consumatori sunt interesați să cunoască poziția și activitățile întreprinderilor cu privire la o gamă largă de probleme economice, sociale și de mediu și să țină cont de acestea atunci când aleg bunuri și servicii.

95. Partea introductivă invită întreprinderile să aplice practici echitabile de afaceri, marketing și publicitate și să asigure calitatea și fiabilitatea produselor pe care le furnizează. Se observă că aceste principii se aplică atât bunurilor, cât și serviciilor.

96. Alineatul 1 subliniază importanța ca întreprinderile să respecte standardele necesare de sănătate și siguranță și importanța furnizării de informații adecvate privind sănătatea și siguranța produselor consumatorilor.

97. Alineatul 2 se referă la divulgarea informațiilor. Acesta solicită întreprinderilor să furnizeze informații suficiente pentru ca consumatorii să poată lua decizii informate.

98. Comportamentul în afaceri este luat în considerare din ce în ce mai mult de către consumatori atunci când iau decizii asupra achizițiilor. Prin urmare, întreprinderile sunt încurajate să pună la dispoziție informații cu privire la inițiativele pe care le-au luat pentru a integra preocupările sociale și de mediu în activitățile lor comerciale și pentru a sprijini în alt mod consumul durabil. Capitolul III din *Liniile Directoare,* privind divulgarea informațiilor este relevant în acest sens. Prin urmare, întreprinderile sunt încurajate să comunice public declarații de valoare sau declarații de conduită în afaceri, inclusiv informații privind politicile sociale, etice și de mediu ale întreprinderii și alte coduri de conduită la care subscrie întreprinderea. Întreprinderile sunt încurajate să pună la dispoziție aceste informații într-un limbaj simplu și să asigure acuratețea oricărei afirmații privind performanța de mediu sau socială. Ar fi binevenită creșterea numărului de întreprinderi care raportează în aceste domenii și care vizează informarea consumatorilor.

99. Alineatul (3) reflectă limbajul utilizat în *Recomandarea privind litigiile în materie de consum [OCDE/LEGAL/0356]*. Recomandarea stabilește un cadru pentru elaborarea unor abordări eficace pentru soluționarea plângerilor consumatorilor, inclusiv o serie de acțiuni pe care industria le poate lua în acest sens. Se remarcă faptul că mecanismele pe care multe întreprinderi le-au instituit pentru soluționarea litigiilor în materie de consum au contribuit la creșterea încrederii și a satisfacției consumatorilor. Aceste mecanisme pot oferi soluții mai practice la plângeri decât acțiunile în justiție, care pot fi costisitoare, dificile

și consumatoare de timp pentru toate părțile implicate. Cu toate acestea, pentru ca aceste mecanisme extrajudiciare să fie eficace, consumatorii trebuie să fie informați cu privire la existența lor și ar beneficia de orientări cu privire la modul de depunere a plângerilor, în special atunci când plângerile implică tranzacții transfrontaliere sau multidimensionale.

100. Alineatul 4 se referă la practicile comerciale înșelătoare, înșelătoare, frauduloase și la alte practici comerciale neloiale. Astfel de practici pot denatura piețele, atât în detrimentul consumatorilor, cât și al întreprinderilor responsabile și ar trebui evitate.

101. Alineatul 5 se referă la educația consumatorilor, care a dobândit o importanță sporită odată cu complexitatea din ce în ce mai mare a multor piețe și produse. Guvernele, organizațiile de consumatori și multe întreprinderi au recunoscut că aceasta este o responsabilitate comună și că pot juca roluri importante în acest sens. Dificultățile cu care s-au confruntat consumatorii în evaluarea produselor complexe în domeniul financiar și în alte domenii au subliniat importanța colaborării părților interesate pentru a promova educația care vizează îmbunătățirea procesului decizional al consumatorilor.

102. Alineatul 6 se referă la datele cu caracter personal. Colectarea și utilizarea din ce în ce mai frecventă a datelor cu caracter personal de către întreprinderi poate prezenta riscuri majore pentru viața privată a consumatorilor și pentru bunăstarea acestora. Protecția datelor cu caracter personal ale consumatorilor, inclusiv securitatea datelor, este, prin urmare, extrem de importantă.

103. Alineatul 7 subliniază importanța întreprinderilor de a colabora cu autoritățile publice pentru a contribui la prevenirea și combaterea mai eficace a practicilor de comercializare înșelătoare. Cooperarea este de asemenea necesară pentru diminuarea sau prevenirea riscurilor pentru sănătatea și siguranța publică și pentru mediu. Acestea includ riscurile asociate cu eliminarea bunurilor, precum și cu consumul și utilizarea acestora. Acest lucru reflectă recunoașterea importanței luării în considerare și a gestionării riscurilor pentru siguranța produselor pe toată durata lor de viață, în special în etapele de proiectare, fabricație, distribuție, utilizare și eliminare.

104. Alineatul 8 invită întreprinderile să țină seama de situațiile consumatorilor vulnerabili și dezavantajați atunci când comercializează bunuri și servicii. Consumatorii defavorizați sau vulnerabili se referă la anumiți consumatori sau categorii de consumatori care, din cauza caracteristicilor sau circumstanțelor personale (cum ar fi vârsta, capacitatea mentală sau fizică, educația, venitul, limba sau locația la distanță), pot întâmpina dificultăți deosebite în funcționarea pe piețele actuale globalizate, care utilizează intensiv informațiile. Paragraful subliniază, de asemenea, importanța crescândă a comerțului electronic mobil și a altor forme de comerț electronic pe piețele mondiale. Beneficiile pe care le oferă un astfel de comerț sunt semnificative și în creștere. Există însă și riscuri pentru prejudiciile aduse consumatorilor. Guvernele au petrecut mult timp examinând modalități de a se asigura că consumatorii beneficiază de o protecție transparentă și eficientă, care nu este mai puțin în cazul comerțului electronic decât nivelul de protecție oferit în forme mai tradiționale de comerț. Prin urmare, este important ca întreprinderile să ia măsuri pentru a reduce riscurile comerțului electronic, astfel încât nivelul de protecție să nu fie mai mic decât cel oferit în formele de comerț mai tradiționale.

# IX. Știință, Tehnologie și Inovație

Cercetarea științifică și inovația tehnologică au impulsionat productivitatea în toate sectoarele, precum și capacitatea întreprinderilor de a desfășura diligența necesară și de a contribui la dezvoltarea durabilă. Întreprinderile ar trebui, după caz, să contribuie la dezvoltarea capacității inovative locale și naționale. În contextul dezvoltării, finanțării, vânzării, licențierii, comerțului și utilizării tehnologiei, inclusiv colectarea și utilizarea datelor, precum și cercetarea științifică și inovația, întreprinderile ar trebui să respecte Îndrumările și să se conformeze legilor și cerințelor naționale aplicabile, inclusiv celor referitoare la confidențialitate și protecția datelor și reglementările privind controlul exporturilor. În mod special, întreprinderile ar trebui să:

1. Desfășoare diligența necesară bazată pe risc, așa cum este descrisă în Capitolul II, cu privire la impacturile adverse actuale și potențiale legate de știință, tehnologie și inovație.
2. Adopte, acolo unde este practicabil în activitățile lor comerciale, practici care să permită transferul voluntar, sigur, securizat și eficient de tehnologie și know-how în condiții convenite reciproc, precum și să faciliteze accesul și partajarea datelor pentru a stimula descoperirile științifice și inovațiile, cu respectarea drepturilor de proprietate intelectuală, a obligațiilor de confidențialitate, a confidențialității, a protecției datelor cu caracter personal, a controalelor la export și a principiilor de nediscriminare.
3. Desfășoare, atunci când este cazul, activități de dezvoltare în știință și tehnologie în țările gazdă pentru a răspunde nevoilor pieței locale, precum și să angajeze personal din țara gazdă în activități de dezvoltare științifică și tehnologică, și să încurajeze și să sprijine formarea acestuia, ținând cont de integritate, securitate și nevoile comerciale.
4. Atunci când acordă licențe pentru utilizarea drepturilor de proprietate intelectuală sau când transferă voluntar tehnologia, să o facă în condiții convenite reciproc, cu măsuri de protecție adecvate pentru a preveni și atenua impacturile negative și într-un mod care să contribuie la perspectivele de dezvoltare durabilă pe termen lung ale țării gazdă și să respecte reglementările privind controlul exporturilor.
5. Atunci când este relevant pentru obiectivele comerciale, să dezvolte legături cu instituțiile locale de învățământ superior, instituțiile publice de cercetare și să participe la proiecte de cercetare cooperativă cu industria locală sau asociații de industrie, inclusiv cu întreprinderi mici și mijlocii și organizații ale societății civile. Această cooperare ar trebui să țină cont de gestionarea eficientă a riscurilor, de considerațiile etice, de preocupările privind securitatea națională, de legile aplicabile și de considerațiile părților interesate. De asemenea, ar trebui să recunoască valoarea științei deschise și să respecte măsurile de protecție pentru a păstra libertatea academică, precum și autonomia cercetării și științei.
6. Atunci când colectează, partajează și utilizează date, să îmbunătățească transparența aranjamentelor de acces și partajare a datelor și să încurajeze adoptarea, pe parcursul ciclului valoric al datelor, a unor practici de guvernanță responsabilă a datelor care să îndeplinească standardele și obligațiile aplicabile, larg recunoscute sau acceptate printre statele aderente la Liniile Directoare, inclusiv coduri de conduită, principii etice, reguli privind manipularea și constrângerea consumatorilor, precum și normele de confidențialitate și protecție a datelor.

7. Întreprinderile ar trebui să sprijine, după cum este adecvat în funcție de circumstanțele lor, eforturile de cooperare în forurile adecvate pentru a promova un internet deschis, liber, global, interoperabil, fiabil, accesibil, accesibil ca preț, securizat și rezistent, inclusiv prin respectarea libertăților de exprimare, de întrunire pașnică și de asociere online, în concordanță cu aspectele acoperite de Liniile Directoare.

## Comentariu asupra Capitolului IX: Știință, Tehnologie și Inovație

105. Dezvoltarea, licențierea, vânzarea, comerțul și utilizarea tehnologiei au un impact profund asupra problemelor acoperite de Liniile Directoare, inclusiv dezvoltarea durabilă, drepturile omului, participarea economică, calitatea democrației, coeziunea socială, schimbările climatice, peisajul global de afaceri și muncă și dinamica pieței. Cercetarea științifică și inovația tehnologică au impulsionat productivitatea în toate sectoarele, precum și capacitatea întreprinderilor de a desfășura diligența necesară și de a contribui la dezvoltarea durabilă, dar pot fi, de asemenea, asociate cu provocări și impacturi negative.

106. Având în vedere natura în continuă evoluție a acestui subiect și faptul că atinge multe aspecte, scopul acestui capitol este menit să fie larg și incluziv pentru a asigura relevanța sa continuă în raport cu riscurile asociate cu dezvoltările viitoare în știință, tehnologie și inovație.

107. Într-o economie bazată pe cunoaștere și globalizată, capacitatea de a accesa și utiliza tehnologia, datele și know-how-ul este esențială pentru îmbunătățirea performanței întreprinderii. Un astfel de acces este, de asemenea, important pentru realizarea efectelor la nivel de economie ale progresului tehnologic, inclusiv creșterea productivității și crearea de locuri de muncă, în contextul dezvoltării durabile,[3] inclusiv creșterea productivității și crearea de locuri de muncă, în contextul dezvoltării durabile. Întreprinderile multinaționale sunt un canal important de transfer transfrontalier de tehnologie. Acestea pot contribui la capacitatea națională de inovare a țărilor lor gazdă prin generarea, difuzarea și chiar facilitarea utilizării de noi tehnologii de către întreprinderile și instituțiile naționale. Activitățile de cercetare și dezvoltare ale întreprinderilor multinaționale și investițiile în noi tehnologii, atunci când sunt bine conectate la sistemul național de inovare, pot contribui la creșterea progresului economic și social în țările lor gazdă. La rândul său, dezvoltarea unui sistem de inovare dinamic în țara gazdă extinde oportunitățile comerciale pentru întreprinderile multinaționale.

108. Acest capitol își propune să promoveze difuzarea, de către întreprinderile multinaționale, a rezultatelor activităților de cercetare și dezvoltare în țările în care operează, contribuind astfel la capacitățile inovative ale țărilor gazdă, în limitele impuse de fezabilitatea economică, preocupările privind competitivitatea și în conformitate cu obligațiile referitoare la confidențialitate, protecția datelor, securitate, protecția proprietății intelectuale și confidențialitate. În acest sens, promovarea difuzării tehnologiei poate include comercializarea produselor și serviciilor care încorporează tehnologie nouă, licențierea inovațiilor de proces, angajarea și formarea personalului din domeniul științei și tehnologiei, precum și dezvoltarea de parteneriate de cooperare în cercetare și dezvoltare. La vânzarea sau licențierea tehnologiei, nu doar că termenii și condițiile negociate trebuie să fie convenite de comun acord, dar întreprinderile multinaționale ar trebui să ia în considerare impactul pe termen lung asupra dezvoltării, mediului și societății al tehnologiei. În activitățile lor, întreprinderile multinaționale pot stabili și îmbunătăți capacitatea inovativă a filialelor internaționale, subcontractanților și a altor entități cu care au relații de afaceri. În plus, întreprinderile multinaționale pot atrage atenția asupra importanței infrastructurii științifice și tehnologice locale, atât fizice, cât și instituționale. În acest sens, întreprinderile multinaționale pot contribui în mod util

[3] Alineatul (7) nu aduce atingere pozițiilor deținute de guverne în domeniul comerțului electronic în cadrul Organizației Mondiale a Comerțului (OMC). Acesta nu este menit să facă abstracție de alte interese importante de politică publică care ar putea fi legate de utilizarea internetului și care ar trebui luate în considerare. În această privință, unele țări au făcut trimitere la Agenda de la Tunis pentru societatea informațională din 2005.

la formularea de către guvernele țărilor gazdă a cadrelor de politici favorabile dezvoltării unor sisteme de inovație dinamice.

109. Știința este înțeleasă aici ca incluzând, printre alte aspecte, cercetarea și explorarea. Tehnologia este înțeleasă aici ca incluzând tehnologia digitală, tehnologia non-digitală și serviciile digitale, precum și ecosistemele digitale care facilitează dezvoltarea și utilizarea acestora. Inovația este înțeleasă aici ca procesul de dezvoltare a unui produs, serviciu sau proces nou sau îmbunătățit, cu intenția de a-l pune la dispoziția potențialilor utilizatori sau de a-l aduce în uz de către întreprindere.

110. Datele sunt înțelese aici, așa cum sunt definite în Recomandările relevante ale OCDE, ca referindu-se la informații înregistrate în formate structurate sau nestructurate, inclusiv text, imagini, sunet și video. Inovația bazată pe date și știința intensivă în utilizarea datelor au un potențial enorm pentru a aborda marile provocări sociale. Inițiativele de știință deschisă și accesul la date au avut efecte de mare amploare asupra reproductibilității rezultatelor științifice, difuzării cunoștințelor în societate, cooperării interdisciplinare, eficienței resurselor, productivității și competitivității. Fluxurile de date transfrontaliere sunt esențiale pentru a sprijini comerțul internațional, schimbul de informații și cunoștințe, pentru a reduce decalajele digitale și pentru a promova dezvoltarea durabilă. Paragraful 2 subliniază aceste beneficii, dar recunoaște și riscurile legate de furtul de date, precum și partajarea și utilizarea iresponsabilă a datelor, care pot compromite confidențialitatea individuală și pot prezenta riscuri pentru securitatea națională. Întreprinderile din ecosistemul de date, inclusiv deținătorii de date, producătorii de date și intermediarii de date, așa cum sunt definiți în *Recomandarea privind Îmbunătățirea Accesului la și Partajarea Datelor [OECD/LEGAL/04631]*, sunt încurajate să ia în considerare recomandările privind accesul responsabil la date, partajarea și utilizarea acestora, așa cum sunt conturate în respectiva Recomandare, care urmărește să asigure implementarea măsurilor de gestionare a riscurilor pe tot parcursul ciclului valoric al datelor, inclusiv măsurile necesare pentru protejarea confidențialității, integrității, securității și disponibilității datelor, în special în contextul gestionării datelor biologice, cum ar fi ADN-ul, și atunci când se dezvăluie date către forțele de ordine și alte agenții guvernamentale.

111. În alineatul 4, așteptările de la întreprinderi sunt menite să fie proporționale, pentru a evita condiții care ar avea consecințe neintenționate. Întreprinderile ar trebui, de asemenea, să depună eforturi pentru a identifica situațiile în care anumiți actori ar putea căuta să beneficieze de pe urma transferului de tehnologie pentru a utiliza în mod abuziv tehnologia destinată uzului civil.

112. În conformitate cu Capitolul II, natura și amploarea diligenței necesare pentru impacturile adverse legate de știință, tehnologie și inovație vor depinde de circumstanțele fiecărei situații și vor implica o prioritizare bazată pe risc. Aceasta ar trebui să ia în considerare, de asemenea, circumstanțele cunoscute sau în mod rezonabil previzibile legate de utilizarea produsului sau serviciului furnizat, în conformitate cu scopul său prevăzut sau în condiții de utilizare sau abuz previzibil, care ar putea genera impacturi negative.

113. Întreprinderile implicate în dezvoltarea de noi tehnologii sau în aplicarea de noi instrumente existente ar trebui, în măsura posibilului, să anticipeze și să abordeze, după caz, provocările etice, legale, de muncă, sociale și de mediu ridicate de noile tehnologii, promovând în același timp inovația responsabilă și angajându-se în dialog și partajare de informații cu autoritățile de reglementare locale și reprezentanții lucrătorilor. În plus, și ca sprijin în implementarea recomandărilor Îndrumărilor, întreprinderile sunt încurajate să ia în considerare îndrumările disponibile privind procesul de inovare, inclusiv standardele relevante ale OCDE în domeniul inteligenței artificiale și neurotehnologiei, cum ar fi *Recomandarea privind Inteligența Artificială [OCDE/LEGAL/0449]* și *Recomandarea privind Inovarea Responsabilă în Neurotehnologie [OCDE/LEGAL/0457]*.

114. Securitatea digitală este o responsabilitate comună între toți factorii implicați, inclusiv afaceri, clienți și guverne. Incidentele de securitate digitală, cum ar fi accesul neautorizat la sisteme sau software, compromiterea conturilor, pierderea sau furtul de date sau interferența cu resursele IT, pot dăuna afacerilor, guvernelor și indivizilor prin subminarea disponibilității, integrității și/sau confidențialității datelor lor, a sistemelor de informații și a rețelelor. Întreprinderile ar trebui să gestioneze riscurile de securitate

digitală într-un mod care să fie în concordanță cu celelalte capitole ale Îndrumărilor. Principiile de confidențialitate prin design, utilizarea criptării puternice, protocoalele de gestionare a permisiunilor și accesului, precum și alte bune practici pot reduce amenințările și pot atenua daunele. Întreprinderile ar trebui, de asemenea, să ia în considerare standardele relevante ale OCDE în domeniul datelor.

115. În toate activitățile care implică participarea copiilor și tinerilor în mediul digital sau interacțiunea cu acesta, întreprinderile ar trebui să ia în considerare, după caz, interesul superior al copilului ca o considerație primară și, în procesul lor de diligență necesară, să identifice modalitățile prin care drepturile copiilor și tinerilor pot fi respectate, iar bunăstarea acestora poate fi protejată și promovată în mediul digital, și să ia măsurile adecvate pentru a face acest lucru în conformitate cu *Recomandarea privind Copiii în Mediul Digital [OCDE/LEGAL/03891]* și *Îndrumările OCDE pentru Furnizorii de Servicii Digitale.*

# X. Concurența

Întreprinderile ar trebui să:

1. Își desfășoare activitățile în conformitate cu toate legile și reglementările aplicabile în domeniul concurenței, luând în considerare legile din toate jurisdicțiile în care activitățile pot avea efecte anticoncurențiale.

2. Se abțină de la încheierea sau desfășurarea de acorduri anticoncurențiale între concurenți, inclusiv acorduri de:

a) stabilire a prețurilor;

b) a prezenta oferte trucate (licitații coluzive);

c) stabilire de restricții de producție sau cote; sau

d) împărțire sau divizare a piețelor prin alocarea clienților, furnizorilor, teritoriilor sau liniilor de comerț.

3. Colaboreze cu autoritățile de concurență în investigații, printre altele, și în conformitate cu legea aplicabilă și măsurile de protecție adecvate, oferind răspunsuri cât mai prompte și complete la solicitările de informații și luând în considerare utilizarea instrumentelor disponibile, precum renunțarea la confidențialitate acolo unde este cazul, pentru a promova cooperarea eficientă și eficace între autoritățile de investigație.

4. Promoveze în mod regulat conștientizarea în rândul angajaților cu privire la importanța respectării tuturor legilor și reglementărilor aplicabile în domeniul concurenței și, în special, să instruiască conducerea întreprinderii în legătură cu aspectele legate de concurență.

## Comentariu la Capitolul X: Concurența

116. Aceste recomandări subliniază importanța legilor și reglementărilor privind concurența pentru funcționarea eficientă a piețelor interne și internaționale și reafirmă importanța respectării acestor legi și reglementări de către întreprinderile naționale și multinaționale. De asemenea, ele urmăresc să asigure că toate întreprinderile sunt conștiente de evoluțiile legate de domeniul de aplicare, măsurile reparatorii și sancțiunile legilor concurenței și de amploarea cooperării între autoritățile de concurență. Termenul „legea concurenței" este folosit pentru a se referi la legi, inclusiv legile „antitrust" și „anti monopol", care interzic, printre altele: a) acorduri anticoncurențiale; b) abuzul de putere de piață sau de poziție dominantă; c) dobândirea puterii de piață sau a poziției dominante prin alte mijloace decât performanța eficientă; sau d) reducerea semnificativă a concurenței sau împiedicarea considerabilă a concurenței eficiente prin fuziuni sau achiziții.

117. În general, legile și politicile de concurență interzic: a) cartelurile dure; b) alte acorduri anticoncurențiale; c) comportamentul anticoncurențial care exploatează sau extinde dominația sau puterea de piață; și d) fuziunile și achizițiile anticoncurențiale. Conform *Recomandării privind Acțiunile Eficiente împotriva Cartelurilor Dure [OECD/LEGAL/04521]*, acordurile anticoncurențiale menționate la litera a) constituie carteluri dure, dar Recomandarea încorporează diferențele dintre legile țărilor membre, inclusiv diferențele privind excepțiile sau prevederile legale care permit o excepție sau autorizare pentru activități

care altfel ar putea fi interzise. Recomandările din aceste Ghiduri nu sugerează că întreprinderile ar trebui să renunțe la utilizarea acestor excepții sau prevederi legale disponibile. Categoriile b) și c) sunt mai generale, deoarece efectele altor tipuri de acorduri și comportamente unilaterale sunt mai ambigue și există mai puțin consens cu privire la ceea ce ar trebui considerat anticoncurențial.

118. Scopul politicii de concurență este de a contribui la bunăstarea generală și la creșterea economică prin promovarea unor condiții de piață în care natura, calitatea și prețul bunurilor și serviciilor sunt determinate de forțele competitive de pe piață. Pe lângă beneficiile aduse consumatorilor și economiei unei jurisdicții în ansamblu, un astfel de mediu competitiv recompensează întreprinderile care răspund eficient la cererea consumatorilor. Întreprinderile pot contribui la acest proces oferind informații și sfaturi atunci când guvernele iau în considerare legi și politici care ar putea reduce eficiența sau ar putea diminua competitivitatea piețelor.

119. Întreprinderile ar trebui să fie conștiente de faptul că legile concurenței continuă să fie adoptate și că este din ce în ce mai comun ca aceste legi să interzică activitățile anticoncurențiale care au loc în străinătate, dacă acestea au un impact negativ asupra consumatorilor interni. În plus, comerțul și investițiile transfrontaliere fac mai probabil ca un comportament anticoncurențial care are loc într-o jurisdicție să aibă efecte dăunătoare în alte jurisdicții. Prin urmare, întreprinderile ar trebui să ia în considerare atât legea țării în care își desfășoară activitatea, cât și legile tuturor țărilor în care efectele comportamentului lor sunt susceptibile de a fi resimțite.

120. În cele din urmă, întreprinderile ar trebui să recunoască faptul că autoritățile de concurență se implică din ce în ce mai mult și mai profund în cooperarea pentru investigarea și contestarea activităților anticoncurențiale. Vezi, în general, standardele relevante ale OCDE în domeniul politicii concurențiale. Atunci când autoritățile de concurență din diverse jurisdicții investighează același comportament, facilitarea de către întreprinderi a cooperării între autorități promovează luarea unor decizii consecvente și solide și adoptarea de măsuri reparatorii competitive, permițând totodată economii de costuri pentru guverne și întreprinderi.

121. În timp ce întreprinderile și inițiativele de colaborare în care acestea sunt implicate ar trebui să ia măsuri pro active pentru a înțelege problemele legate de legislația concurențială în jurisdicția lor și să evite activitățile care ar putea reprezenta o încălcare a legii concurenței, inițiativele de comportament responsabil credibile nu sunt în mod inerent în conflict cu obiectivele legii concurenței, iar colaborarea în astfel de inițiative nu va încălca, de obicei, astfel de legi.

122. În funcție de contextul național, întreprinderile pot fi supuse legislației concurențiale atunci când achiziționează forță de muncă de la lucrători, similar cu achiziționarea altor bunuri și servicii. În aceste cazuri, sancțiuni severe pot fi aplicate în caz de coluziune între angajatori în ceea ce privește salariile (stabilirea salariilor) și practicile de angajare (cum ar fi acordurile de tip "no-poach" și "no-hiring"). Prin urmare, întreprinderile ar trebui să se asigure că respectă legile aplicabile în politicile lor de recrutare și angajare și atunci când planifică fuziuni și achiziții.

# XI. Impozitare

1. Este important ca întreprinderile să contribuie la finanțele publice ale țărilor gazdă prin efectuarea la timp a plății obligațiilor lor fiscale. În special, întreprinderile ar trebui să respecte atât litera, cât și spiritul legilor și reglementărilor fiscale ale țărilor în care își desfășoară activitatea. Respectarea spiritului legii înseamnă înțelegerea și urmărirea intenției legislatorului. Aceasta nu impune întreprinderii să plătească mai mult decât suma solicitată legal în baza unei astfel de interpretări. Conformarea fiscală include măsuri precum furnizarea autorităților relevante a informațiilor necesare sau solicitate de lege, la timp, pentru determinarea corectă a impozitelor care urmează a fi stabilite în legătură cu activitățile lor și alinierea practicilor de stabilire a prețurilor de transfer la principiul prețului de piață (arm's length principle).
2. Întreprinderile trebuie să trateze guvernanța fiscală și conformitatea fiscală ca elemente importante ale sistemelor lor de supraveghere și gestionare a riscurilor mai largi. În special, consiliile de administrație ale companiilor ar trebui să adopte strategii de gestionare a riscului fiscal pentru a se asigura că riscurile financiare, de reglementare și reputaționale asociate impozitării sunt complet identificate și evaluate.

## Comentariu la Capitolul XI: Impozitare

123. Cetățenia corporativă în domeniul fiscal implică faptul că întreprinderile ar trebui să respecte atât litera, cât și spiritul legilor și reglementărilor fiscale din toate țările în care își desfășoară activitatea, să coopereze cu autoritățile și să pună la dispoziția acestora informațiile necesare sau solicitate de lege. O întreprindere respectă spiritul legilor și reglementărilor fiscale dacă face pași rezonabili pentru a determina intenția legislatorului și interpretează regulile fiscale în conformitate cu acea intenție, având în vedere limbajul statutar și istoria legislativă contemporană relevantă. Tranzacțiile nu ar trebui să fie structurate astfel încât să genereze rezultate fiscale care sunt inconsistente cu consecințele economice subiacente ale tranzacției, decât dacă există o legislație specifică destinată să producă acel rezultat. În acest caz, întreprinderea ar trebui să creadă în mod rezonabil că tranzacția este structurată astfel încât să genereze un rezultat fiscal care nu este contrar intențiilor legislatorului.

124. Conformitatea fiscală implică și cooperarea cu autoritățile fiscale și furnizarea informațiilor necesare pentru a asigura o aplicare eficientă și echitabilă a legilor fiscale. Această cooperare ar trebui să includă răspunsuri prompte și complete la solicitările de informații formulate de o autoritate competentă conform prevederilor unui tratat fiscal sau unui acord de schimb de informații. Cu toate acestea, acest angajament de a furniza informații nu este nelimitat. În special, Îndrumările fac legătura între informațiile care ar trebui furnizate și relevanța acestora pentru aplicarea legilor fiscale aplicabile. Aceasta recunoaște necesitatea de a echilibra povara asupra întreprinderilor în ceea ce privește conformitatea cu legile fiscale aplicabile și nevoia autorităților fiscale de a avea informații complete, prompte și exacte pentru a le permite să aplice corect legile fiscale.

125. Angajamentele întreprinderilor față de cooperare, transparență și conformitate fiscală ar trebui să fie reflectate în sistemele, structurile și politicile de gestionare a riscurilor. În cazul întreprinderilor care au o formă juridică corporativă, consiliile de administrație sunt în măsură să supravegheze riscul fiscal în mai multe moduri. De exemplu, consiliile de administrație ar trebui să dezvolte pro activ principii adecvate de

politică fiscală, precum și să stabilească sisteme interne de control fiscal, astfel încât acțiunile conducerii să fie în concordanță cu punctele de vedere ale consiliului în ceea ce privește riscul fiscal. Consiliul ar trebui să fie informat despre toate riscurile fiscale potențial semnificative, iar responsabilitatea pentru efectuarea funcțiilor de control fiscal intern și raportarea către consiliu ar trebui să fie clar atribuită. O strategie cuprinzătoare de gestionare a riscurilor care include fiscalitatea va permite întreprinderii nu numai să acționeze ca un cetățean corporativ responsabil, ci și să gestioneze eficient riscul fiscal, ceea ce poate contribui la evitarea unor riscuri financiare, de reglementare și reputaționale majore pentru o întreprindere.

126. Transparența fiscală sprijină integritatea sistemului fiscal al unei țări și este un mod important de a asigura și demonstra că întreprinderile respectă litera și spiritul legilor fiscale. Un membru al unui grup de întreprinderi multinaționale dintr-o țară poate avea relații economice extinse cu membri ai aceluiași grup de întreprinderi multinaționale din alte țări. Aceste relații pot influența obligațiile fiscale ale fiecărei părți. În consecință, autoritățile fiscale pot avea nevoie de informații din afara jurisdicției lor pentru a putea evalua aceste relații și a determina obligațiile fiscale ale membrului grupului de întreprinderi multinaționale din jurisdicția lor. Din nou, informațiile care trebuie furnizate sunt limitate la cele relevante sau solicitate de lege pentru evaluarea acestor relații economice în vederea determinării corecte a obligației fiscale a membrului grupului de întreprinderi multinaționale. Întreprinderile multinaționale ar trebui să coopereze în furnizarea acestor informații. O serie de acțiuni din cadrul *Proiectului OCDE/G20 privind Eroziunea Bazei Fiscale și Transferul Profiturilor (BEPS)* sunt orientate spre îmbunătățirea transparenței, cum ar fi pregătirea și schimbul de rapoarte pe țări (Acțiunea 13 BEPS), schimbul spontan obligatoriu de informații relevante privind hotărârile specifice contribuabililor (Acțiunea 5 BEPS) și regulile obligatorii de divulgare privind schemele agresive de planificare fiscală (Acțiunea 12 BEPS).

127. Stabilirea prețurilor de transfer este o problemă deosebit de importantă pentru cetățenia corporativă și impozitare. Creșterea dramatică a comerțului global și a investițiilor directe transfrontaliere (și rolul important jucat în acest comerț și investiții de întreprinderile multinaționale) înseamnă că prețurile de transfer sunt un determinant semnificativ al obligațiilor fiscale ale membrilor unui grup de întreprinderi multinaționale, deoarece acestea influențează în mod substanțial împărțirea bazei fiscale între țările în care întreprinderea multinațională operează. Principiul prețului de piață, inclus în Convenția Model OCDE și în Convenția Model ONU privind dubla impunere între Țările Dezvoltate și Țările în Curs de Dezvoltare, este standardul acceptat internațional pentru ajustarea profiturilor între întreprinderile asociate. Aplicarea principiului prețului de piață evită transferul necorespunzător de profituri sau pierderi și minimizează riscul dublei impuneri. Aplicarea sa corectă necesită cooperarea întreprinderilor multinaționale cu autoritățile fiscale și furnizarea tuturor informațiilor relevante sau solicitate de lege privind metoda de stabilire a prețurilor de transfer adoptată pentru tranzacțiile internaționale efectuate de acestea și de părțile lor afiliate. Se recunoaște că determinarea dacă prețurile de transfer reflectă adecvat principiul prețului de piață este adesea dificilă atât pentru întreprinderile multinaționale, cât și pentru administrațiile fiscale și că aplicarea sa nu este o știință exactă.

128. Comitetul pentru Afaceri Fiscale al OCDE desfășoară o activitate continuă pentru a dezvolta recomandări care să asigure că prețurile de transfer reflectă principiul prețului de piață. Această activitate a dus la publicarea în 1995 a Îndrumărilor *OCDE privind Prețurile de Transfer pentru Întreprinderile Multinaționale și Administrațiile Fiscale (Îndrumările OCDE privind Prețurile de Transfer)*, care au fost obiectul *Recomandării privind Determinarea Prețurilor de Transfer între Întreprinderile Asociate [OCDE/LEGAL/0279]* membrii unui grup de întreprinderi multinaționale ar intra în mod normal în definiția Întreprinderilor Asociate). Îndrumările *OCDE privind Prețurile de Transfer* sunt actualizate în mod continuu pentru a reflecta schimbările din economia globală și experiențele administrațiilor fiscale și ale contribuabililor în ceea ce privește prețurile de transfer. Important este că Recomandarea Consiliului a fost revizuită în 2017 pentru a reflecta susținerea de către Consiliu a pachetului BEPS, pentru a consolida impactul și relevanța Îndrumărilor privind Prețurile de Transfer în afara OCDE și pentru a oferi o mai mare claritate și siguranță juridică guvernelor și contribuabililor în ceea ce privește statutul revizuirilor viitoare ale Îndrumărilor privind Prețurile de Transfer, sprijinind implementarea lor în timp util. Principiul prețului de

piață, așa cum se aplică alocării profiturilor filialelor permanente în scopul determinării drepturilor de impozitare ale unui stat gazdă în temeiul unui tratat fiscal, a fost obiectul unei Recomandări a Consiliului OCDE adoptată în 2008.

129. *Îndrumările OCDE privind Prețurile de Transfer* se concentrează pe aplicarea principiului prețului de piață pentru evaluarea prețurilor de transfer ale întreprinderilor asociate. Îndrumările OCDE privind Prețurile de Transfer urmăresc să ajute administrațiile fiscale (atât din țările membre OCDE, cât și din cele non-membre) și întreprinderile multinaționale, oferind soluții reciproc satisfăcătoare în cazurile de prețuri de transfer, minimizând astfel conflictele dintre administrațiile fiscale și între acestea și întreprinderile multinaționale, evitând litigii costisitoare. Întreprinderile multinaționale sunt încurajate să urmeze îndrumările din *Îndrumările OCDE privind Prețurile de Transfer*, așa cum au fost revizuite și completate, pentru a se asigura că prețurile de transfer reflectă principiul prețului de piață.

130. Coerența și consistența arhitecturii fiscale internaționale care se aplică grupurilor de întreprinderi multinaționale a fost consolidată mai larg prin Proiectul OCDE/G20 BEPS. În mod notabil, *Convenția Multilaterală pentru Implementarea Măsurilor legate de Tratatele Fiscale pentru Prevenirea Eroziunii Bazei Fiscale și Transferului Profiturilor [OCDE/LEGAL/04321]* facilitează implementarea unui număr de măsuri pentru a combate evitarea impozitării și pentru a îmbunătăți coerența regulilor fiscale internaționale, inclusiv standarde minime pentru evitarea abuzului tratatelor și pentru îmbunătățirea rezolvării disputelor. Succesul acestui sistem se bazează pe o rețea de relații pozitive, cooperare și reciprocitate.

# Partea II: Proceduri de Implementare a Îndrumărilor OCDE pentru Întreprinderile Multinaționale privind Conduita Responsabilă în Afaceri

# Decizia Consiliului privind Îndrumările pentru Întreprinderile Multinaționale privind Conduita Responsabilă în Afaceri

**CONSILIUL**

**AVÂND ÎN VEDERE** articolul 5 a) din Convenția privind Organizația pentru Cooperare și Dezvoltare Economică din 14 decembrie 1960;

**AVÂND ÎN VEDERE** *Declarația OCDE privind Investițiile Internaționale și Întreprinderile Multinaționale* („*Declarația*") [OECD/LEGAL/0144] în care Membrii și non-Membrii care au aderat („Aderenții") recomandă în comun întreprinderilor multinaționale care operează în sau din teritoriile lor respectarea Liniilor directoare pentru *Întreprinderile Multinaționale privind Conduita Responsabilă în Afaceri* („*Liniile directoare*");

**RECUNOSCÂND** că, întrucât operațiunile întreprinderilor multinaționale se extind în întreaga lume, cooperarea internațională în problemele legate de Declarație ar trebui să se extindă la toate țările;

**AVÂND ÎN VEDERE** că este de dorit să se îmbunătățească procedurile prin care pot avea loc consultări pe subiecte acoperite de aceste Ghiduri și să se promoveze eficacitatea Liniilor directoare;

**La propunerea Comitetului pentru Investiții:**

**DECIDE:**

## I. Punctele Naționale de Contact pentru Conduită Responsabilă în Afaceri

1. Aderenții vor înființa Puncte Naționale de Contact pentru Conduită Responsabilă în Afaceri (PNC-uri) pentru a spori eficiența Liniilor directoare. PNC-urile vor avea următoarele responsabilități:

a) Promovarea cunoașterii și adoptării Liniilor directoare, inclusiv prin răspunsul la solicitări;

b) Contribuirea la soluționarea problemelor care apar în legătură cu implementarea *Liniilor directoare* în cazuri specifice.

În plus, acolo unde este adecvat și în coordonare cu autoritățile relevante, PNC-urile pot, de asemenea, oferi sprijin pentru eforturile guvernului lor de a dezvolta, implementa și promova coerența politicilor pentru a susține conduita responsabilă în afaceri.

Comunitatea de afaceri, sindicatele, alte organizații neguvernamentale și alte părți interesate vor fi informate despre disponibilitatea PNC-urilor.

2. PNC-urile din diferite state aderente vor coopera, dacă apare această nevoie, pe orice chestiune legată de Linii directoare relevantă pentru activitățile lor. Ca procedură generală, discuțiile la nivel național ar trebui inițiate înainte de a se lua contact cu alte PNC-uri.

3. PNC-urile se vor întâlni regulat pentru a împărtăși experiențe și pentru a raporta Comitetului pentru Investiții.

4. Statele aderente vor pune la dispoziția PNC-urilor lor resurse umane și financiare astfel încât acestea să își poată îndeplini în mod eficient responsabilitățile într-o manieră care să răspundă pe deplin criteriilor de eficacitate descrise în Procedurile anexate la această Decizie, ținând cont de capacitatea și practicile bugetare interne.

5. Statele aderente vor efectua evaluări periodice ale PNC-urilor, sub rezerva modalităților adoptate de Grupul de Lucru pentru Conduită Responsabilă în Afaceri (WPRBC).

## II. Comitetul pentru Investiții și Grupul de Lucru pentru Conduită Responsabilă în Afaceri

1. Comitetul pentru Investiții („Comitetul") va supraveghea implementarea Declarației privind Investițiile Internaționale și Întreprinderile Multinaționale. WPRBC va asista Comitetul în implementarea Secțiunii I a Declarației cu privire la responsabilitățile sale în legătură cu Liniile directoare.

2. Comitetul va organiza periodic sau la solicitarea unui Stat aderent schimburi de opinii cu privire la aspectele acoperite de Liniile directoare și experiența dobândită în aplicarea acestora. Comitetul va invita periodic Business at OCDE (BIAC), Comitetul Consultativ al Sindicatelor la OCDE (TUAC) („organismele consultative"), și OCDE Watch, precum și alți parteneri internaționali să își exprime opiniile cu privire la aspectele acoperite de Liniile directoare. În plus, schimburi de opinii cu acestea pe aceste teme pot fi organizate la solicitarea acestora.

3. Comitetul va colabora cu statele neaderente pe chestiuni acoperite de Liniile directoare pentru a promova conduita responsabilă în afaceri la nivel mondial în conformitate cu Liniile directoare și pentru a crea condiții echitabile de concurență. De asemenea, va depune eforturi pentru a coopera cu neaderenții care au un interes special în Liniile directoare și în promovarea principiilor și standardelor acestora.

4. Comitetul va fi responsabil pentru clarificarea Liniilor directoare. Părțile implicate într-un caz specific care a generat o cerere de clarificare vor avea ocazia să își exprime opiniile fie oral, fie în scris. Comitetul nu va ajunge la concluzii privind conduita întreprinderilor individuale.

5. Comitetul va organiza schimburi de opinii privind activitățile PNC-urilor cu scopul de a îmbunătăți eficacitatea Liniilor directoare și de a încuraja echivalența funcțională a PNC-urilor.

6. Comitetul va raporta periodic Consiliului cu privire la aspectele acoperite de Liniile directoare. În rapoartele sale, Comitetul va ține cont de rapoartele PNC-urilor și de opiniile exprimate de organismele consultative (BIAC și TUAC), OCDE Watch, alți parteneri internaționali și neaderenți, după caz.

7. Comitetul, în cooperare cu PNC-urile, va promova pro activ respectarea efectivă de către întreprinderi a principiilor și standardelor conținute în Liniile directoare. În mod special, va căuta oportunități de colaborare cu organismele consultative (BIAC și TUAC), OCDE Watch, alți parteneri internaționali și alte părți interesate pentru a încuraja contribuțiile pozitive ale întreprinderilor multinaționale, în contextul Liniilor directoare, la progresul economic, de mediu și social, cu scopul de a realiza dezvoltarea durabilă și pentru a ajuta la identificarea și gestionarea riscurilor de impacte adverse asociate cu produse, regiuni, sectoare sau industrii specifice.

## III. Implementarea și Revizuirea Deciziei

1. Procedurile anexate la această Decizie stabilesc așteptările, recomandările și orientările aplicabile statelor aderente, PNC-urilor, Comitetului și WPRBC în implementarea acestei Decizii.

2. Această Decizie va fi revizuită periodic. Comitetul va face propuneri în acest scop, iar WPRBC poate elabora și trimite astfel de propuneri către Comitet.

# Proceduri

## I. Punctele Naționale de Contact pentru Conduită Responsabilă în Afaceri

Rolul Punctelor Naționale de Contact pentru Conduită Responsabilă în Afaceri (PNC-uri) este de a spori eficiența *Liniilor directoare*. PNC-urile vor opera într-un mod care este:

1. vizibil,
2. accesibil,
3. transparent,
4. responsabil,
5. imparțial și echitabil,
6. previzibil și
7. compatibil cu Liniilor directoare.

Aceste principii reprezintă împreună criteriile esențiale de eficiență ale PNC-urilor. PNC-urile, având în vedere circumstanțele lor particulare, vor urmări echivalența funcțională, ceea ce înseamnă că toate PNC-urile funcționează cu un grad echivalent de eficacitate, prin atingerea criteriilor esențiale de eficiență.

### A. Aranjamente instituționale

În conformitate cu obiectivele echivalenței funcționale a PNC-urilor și cu scopul de a spori eficiența Liniilor directoare, statele aderente au flexibilitate în organizarea PNC-urilor lor pentru a îndeplini criteriile esențiale de eficiență. În determinarea aranjamentelor instituționale ale PNC-ului lor, guvernele vor căuta sprijinul activ al partenerilor sociali, acolo unde este aplicabil, și al altor părți interesate, precum și al altor autorități relevante.

Astfel, PNC-urile:

1. Vor fi compuse, organizate și suficient resurse pentru a oferi o bază eficientă pentru abordarea gamei largi de probleme acoperite de *Liniilor directoare*, vor avea acces la expertiză în toate aspectele relevante ale mandatului PNC, vor funcționa într-un mod imparțial și vor menține un nivel adecvat de responsabilitate față de guvernul aderent.
2. Pot folosi diferite forme de organizare pentru a îndeplini criteriile esențiale de eficiență și pentru a urmări echivalența funcțională, ținând cont de importanța menținerii încrederii părților interesate. De exemplu, un PNC poate consta dintr-un oficial guvernamental de rang înalt sau un birou guvernamental condus de un oficial de rang înalt; un organism inter-agenții sau interministerial compus din, sau condus de, oficiali de rang înalt; un organism compus din reprezentanți ai guvernului, comunității de afaceri, sindicate și altor organizații neguvernamentale (multilaterale, cu părțile interesate) și/sau experți independenți. Guvernele sunt încurajate să includă reprezentanți ai comunității de afaceri, ai sindicatelor și ai altor organizații neguvernamentale în organismele consultative sau de supraveghere acolo unde este util pentru a sprijini PNC în sarcinile sale.

3. Vor dezvolta și menține relații semnificative și se vor angaja cu partenerii sociali, acolo unde este aplicabil, precum și cu reprezentanți ai comunității de afaceri, ai sindicatelor, ai organizațiilor neguvernamentale și/sau alte părți interesate care pot contribui la eficiența *Liniilor directoare*.

**B. Informații și Promovare**

PNC-ul va:

1. Face cunoscute și disponibile Liniile directoare prin mijloace adecvate, inclusiv prin informații online și în limbile naționale. PNC-urile ar trebui să promoveze, de asemenea, orientările OCDE aferente privind diligența responsabilă în afaceri, ținând cont de natura specifică a acestor orientări, menționată în Capitolul II al Liniilor directoare, paragraful 15 din Comentarii. Părțile interesate relevante, inclusiv investitorii potențiali (intrați și ieșiți), ar trebui informate despre Liniile directoare, după caz.
2. Crește gradul de conștientizare cu privire la Liniile directoare, procedurile lor de implementare și PNC-ul însuși, inclusiv prin cooperarea, după caz, cu autoritățile guvernamentale relevante, comunitatea de afaceri, sindicate, alte organizații neguvernamentale și publicul interesat.
3. Răspunde la solicitările privind Liniile directoare și orientările OCDE privind diligența responsabilă, precum și la solicitările legate de PNC însuși, inclusiv de la:
   a) alte PNC-uri;
   b) comunitatea de afaceri, organizațiile de muncitori, alte organizații neguvernamentale și publicul; și
   c) guvernele ne-Aderenților.

**C. Cazuri specifice**

PNC-ul va contribui, în calitate de mecanism de soluționare a plângerilor non-juridice, la rezolvarea problemelor care apar în legătură cu implementarea *Liniilor directoare* în cazuri specifice, într-o manieră care să fie în conformitate cu criteriile esențiale de eficacitate enumerate în Secțiunea I.A. de mai sus. PNC-urile vor publica procedurile lor de gestionare a cazurilor, adică procedurile pe care le urmează în tratarea cazurilor specifice, care vor fi în concordanță cu aceste Proceduri. PNC-urile sunt încurajate să consulte părțile interesate la elaborarea procedurilor lor de gestionare a cazurilor. PNC-ul va oferi un forum de discuții și expertiza sa cu privire la Liniile directoare pentru a asista comunitatea de afaceri, sindicatele, alte organizații neguvernamentale și alte părți interesate în soluționarea problemelor ridicate într-un mod eficient și rapid și în conformitate cu legislația aplicabilă și *Liniile directoare*. În funcție de caracteristicile fiecărui caz, această asistență poate include sprijinirea dialogului constructiv, facilitarea acordurilor între părți și/sau emiterea de recomandări. Scopurile unei astfel de asistențe pot include promovarea implementării *Liniilor directoare* în viitor și/sau abordarea impactelor negative într-un mod consistent cu *Liniile directoare*.

În furnizarea acestei asistențe, PNC va:

1. În cazurile în care alte PNC-uri sunt implicate datorită caracteristicilor Cazului Specific, va coordona cu bună credință cu acestea pentru a alege PNC-ul principal și PNC-urile de sprijin.
2. Consulta părțile cu privire la problemele ridicate și va face o evaluare inițială pentru a stabili dacă aceste probleme justifică o examinare suplimentară și va răspunde părților implicate.
3. În cazul în care, pe baza evaluării inițiale, PNC decide că problemele ridicate justifică o examinare suplimentară, va oferi servicii de mediere pentru a ajuta părțile implicate să rezolve problemele. În acest scop, PNC va consulta aceste părți și, unde este relevant:
   a) va solicita sfaturi de la autoritățile competente și/sau reprezentanți ai comunității de afaceri, sindicate, alte organizații neguvernamentale și experți relevanți;
   b) va consulta PNC-ul sau PNC-urile din orice alt stat aderent sau Aderenți implicați;

c) solicita informații despre cazuri similare de la Secretariat sau îndrumări din partea WPRBC dacă există îndoieli cu privire la interpretarea Liniilor directoare. Astfel de informații și îndrumări sunt consultative, confidențiale și specifice cazului și nu echivalează cu clarificări ale interpretării Liniilor directoare, care rămân responsabilitatea Comitetului, conform Secțiunii II.2.c) de mai jos. Sub rezerva resurselor disponibile, acestea ar trebui furnizate rapid pentru a evita întârzierile în gestionarea cazului.

d) oferi și, cu acordul părților implicate, facilita accesul la mijloace consensuale și non-adversiale, cum ar fi medierea sau concilierea, pentru a ajuta părțile să rezolve problemele.

4. La încheierea procedurilor și după consultarea cu părțile implicate, PNC va face publice rezultatele procedurilor, având în vedere necesitatea de a proteja informațiile sensibile ale afacerilor și ale altor părți interesate, prin emiterea publică a unei declarații finale:

   a) atunci când PNC decide că problemele ridicate nu justifică o examinare suplimentară. Declarația ar trebui să descrie, cel puțin, problemele ridicate, pozițiile respective ale părților, după caz, pașii întreprinși de PNC în evaluarea sesizării și implicarea părților în proceduri, precum și motivele deciziei PNC;

   b) atunci când părțile au ajuns la un acord cu privire la problemele ridicate. Declarația ar trebui să descrie, cel puțin, problemele ridicate, pozițiile respective ale părților, după caz, pașii întreprinși de PNC pentru a ajuta părțile și momentul în care a fost atins acordul. Informațiile despre conținutul acordului vor fi incluse doar în măsura în care părțile implicate sunt de acord cu acest lucru. PNC poate include, de asemenea, recomandări privind implementarea Liniilor directoare OCDE în declarațiile sale atunci când a fost atins un acord, după cum este cazul;

   c) atunci când nu se ajunge la un acord sau când o parte refuză să participe la proceduri. Această declarație ar trebui să descrie, cel puțin, problemele ridicate, pozițiile respective ale părților, după caz, motivele pentru care PNC a decis că problemele ridicate justificau o examinare suplimentară și pașii întreprinși de PNC pentru a ajuta părțile, inclusiv informații despre implicarea părților în proceduri. PNC ar trebui să includă, de asemenea, recomandări privind implementarea Liniilor directoare OCDE, acolo unde este relevant. Când este cazul, declarația ar putea include, de asemenea, motivele pentru care nu s-a putut ajunge la un acord. Dacă este permis de legislația aplicabilă și de procedurile de gestionare a cazurilor ale PNC, PNC poate, la discreția sa, să își expună opiniile în declarația finală cu privire la respectarea Liniilor directoare OCDE de către întreprindere.

PNC va notifica cu celeritate rezultatele cazurilor sale specifice Comitetului și WPRBC.

5. Se va angaja în urmărirea relevantă după ce cazul specific a fost încheiat, în legătură cu implementarea recomandărilor sau, dacă este cazul, a acordului atins de părți. PNC ar trebui să publice o declarație de urmărire. Orice urmărire pe care PNC intenționează să o întreprindă ar trebui să fie menționată și în declarația finală, inclusiv termenele pentru aceasta.

6. Va acționa cu transparență și va informa părțile implicate într-un caz specific despre toate faptele și argumentele relevante prezentate PNC-ului de alte părți, în special în timpul etapei de mediere. Cu toate acestea, la o solicitare rezonabilă din partea unei părți, de exemplu, pentru a proteja informațiile sensibile și/sau interesele părților interesate implicate în cazul specific, PNC poate păstra anumite informații confidențiale față de celelalte părți.

7. Va informa părțile că nu pot divulga public sau unei terțe părți, în timpul sau după proceduri, faptele și argumentele împărtășite de celelalte părți sau de PNC (inclusiv, după caz, de un mediator sau conciliator extern) în timpul procedurilor descrise în paragrafele 1-5 de mai sus, decât dacă partea care le-a împărtășit este de acord cu divulgarea acestora, aceste fapte și argumente sunt deja în domeniul public sau ne-divulgarea ar fi contrar dispozițiilor legii naționale.

8. Dacă apar probleme în rândul Non-Aderenților, PNC va lua măsuri pentru a dezvolta o înțelegere a problemelor implicate și va urma aceste Proceduri.
9. Pe parcursul procesului, PNC-urile ar trebui să ia toate măsurile corespunzătoare în cadrul capacităților lor pentru a aborda riscurile de represalii împotriva părților implicate într-un caz specific. Dacă devin conștiente de un caz efectiv sau potențial de represalii, PNC-urile ar trebui, în măsura posibilului, să sprijine partea afectată în evitarea și atenuarea oricărei daune și să contacteze autoritățile relevante, în consultare cu persoanele aflate în pericol, acolo unde este posibil. Guvernele ar trebui, de asemenea, să ia măsuri relevante pentru a proteja PNC-ul și membrii săi de represalii.

**D. Sprijin pentru eforturile guvernului de a promova comportamentul responsabil al afacerilor**

În vederea creșterii eficienței Ghidurilor, PNC-urile pot, acolo unde este cazul și în coordonare cu autoritățile guvernamentale relevante, să sprijine eforturile guvernului lor de a dezvolta, implementa și promova coerența politicilor destinate promovării comportamentului responsabil al afacerilor. Oferirea sau solicitarea unui astfel de suport ar trebui să țină cont de resursele și capacitatea PNC-ului de a-și îndeplini responsabilitățile descrise în paragraful I.1. al Deciziei.

**E. Raportare**

1. Fiecare PNC va raporta anual Comitetului și WPRBC.
2. Rapoartele ar trebui să conțină informații despre natura și rezultatele activităților PNC-ului, inclusiv în cazuri specifice.

**F. Evaluări inter pares**

Aderenții vor efectua evaluări periodice inter pares ale PNC-ului lor organizate de Secretariat, ca mijloc de a crește implementarea eficientă a Liniilor directoare, de a împărtăși bune practici și de a promova eficiența și echivalența funcțională a PNC-urilor. Modalitățile pentru evaluările periodice inter pares, inclusiv procedurile de desfășurare a acestora, durata ciclului de evaluare inter pares și aranjamentele financiare, vor fi aprobate de WPRBC și revizuite la sfârșitul fiecărui ciclu. Primul ciclu de evaluări periodice inter pares va fi lansat doar după ce astfel de modalități au fost aprobate.

## II. Comitetul pentru Investiții, WPRBC și Secretariatul

1. Comitetul, WPRBC și Secretariatul vor lua în considerare cererile PNC-urilor pentru asistență în desfășurarea activităților lor, inclusiv în cazurile de îndoială cu privire la interpretarea Liniilor directoare în circumstanțe particulare, fiecare în conformitate cu responsabilitățile lor respective.

2. Comitetul, cu asistența WPRBC, va lua măsuri pentru a spori eficacitatea *Liniilor directoare* și pentru a promova echivalența funcțională a PNC-urilor prin:

a) analizarea rapoartelor anuale ale PNC-urilor descrise în Secțiunea I.E. de mai sus. Pe baza acestor rapoarte, WPRBC va emite anual un raport public care va analiza activitățile PNC-urilor;

b) analizarea unei sesizări bine fundamentate din partea unui Aderent, a unui organism consultativ (BIAC sau TUAC) sau a OCDE Watch cu privire la faptul dacă un PNC își îndeplinește responsabilitățile în gestionarea cazurilor specifice. Comitetul va aproba răspunsul prin consens. Statul aderentul al cărui PNC este obiectul sesizării va participa la proces cu bună-credință și este așteptat să se alăture consensului, cu excepția unor circumstanțe excepționale;

c) analizarea emiterii unei clarificări a interpretării Liniilor directoare la cererea unui stat aderent, a unui organism consultativ (BIAC sau TUAC) sau a OCDE Watch. O astfel de cerere poate viza dacă un PNC a interpretat corect Liniile directoare în cazuri specifice, dar, în aceste cazuri, Comitetul nu va ajunge la concluzii cu privire la comportamentul individual al întreprinderilor;

d) emiterea de recomandări, după caz, pentru îmbunătățirea funcționării PNC-urilor și a implementării eficiente a *Liniilor directoare*. Când, pe baza ultimelor două cicluri de raportare anuală și la propunerea WPRBC, Comitetul stabilește că un PNC nu a funcționat, pentru o perioadă extinsă și fără un motiv legitim, în conformitate cu aceste Proceduri, poate emite recomandările corespunzătoare către statul aderent și îi poate solicita să raporteze într-un interval de timp stabilit, iar Comitetul poate repeta acest proces până când este mulțumit că problemele au fost soluționate. Comitetul și WPRBC vor lua decizii în aceste chestiuni prin consens. Statul aderent al cărui PNC este vizat va participa la proces cu bună-credință și este așteptat să se alăture consensului, cu excepția unor circumstanțe excepționale;

e) colaborarea cu partenerii internaționali;

f) angajarea cu ne-Aderenți interesați cu privire la aspectele acoperite de Liniile directoare și implementarea acestora.

3. Comitetul și WPRBC pot solicita și lua în considerare sfaturi de la experți în orice chestiuni acoperite de Liniile directoare. În acest scop, Comitetul va decide asupra procedurilor adecvate.

4. Comitetul și WPRBC își vor îndeplini responsabilitățile într-un mod eficient și în timp util.

5. În îndeplinirea responsabilităților lor, Comitetul și WPRBC vor fi asistați de Secretariat, care, sub îndrumarea generală a Comitetului și WPRBC și sub rezerva Programului de lucru și bugetului Organizației, va:

a) servi ca punct central de informații pentru PNC-urile care au întrebări despre promovarea, interpretarea și implementarea Liniilor directoare. Informațiile privind interpretarea Liniilor directoare vor fi furnizate în conformitate cu Secțiunea I.C.2.c) de mai sus;

b) colecta și publica - inclusiv sprijinind WPRBC în publicarea raportului anual care analizează activitățile PNC-urilor conform Secțiunii II.2.a) de mai sus - informații relevante despre tendințele recente și practicile emergente privind aranjamentele instituționale ale PNC-urilor, activitățile de promovare și implementarea Liniilor directoare în cazuri specifice. Secretariatul va dezvolta formate unificate de raportare pentru a sprijini crearea și întreținerea unei baze de date actualizate cu cazurile specifice și va efectua analize regulate ale acestor cazuri;

c) facilita activități de învățare reciprocă, precum și dezvoltarea capacităților și formarea, în special pentru PNC-urile noilor state aderente și pentru personalul nou al PNC-urilor, cu privire la *Liniile directoare* și Procedurile de Implementare ale acestora, cum ar fi promovarea și facilitarea conciliatorii și medierii;

d) organiza evaluări inter pares periodice ale PNC-urilor, așa cum se indică în Secțiunea I.F. de mai sus;

e) facilita cooperarea între PNC-uri acolo unde este adecvat; și

f) promova *Liniile directoare* în foruri și reuniuni internaționale relevante și să ofere sprijin PNC-urilor și Comitetului în eforturile lor de a crește gradul de conștientizare cu privire la *Liniile directoare* în rândul ne-Aderenților.

## III. Diverse

Aceste Proceduri nu dau naștere la drepturi sau obligații suplimentare în conformitate cu dreptul internațional.

# Comentariu la procedura de implementare

1. Decizia Consiliului reprezintă angajamentul Aderenților de a promova implementarea recomandărilor conținute în textul *Liniilor Directoare*. Procedurile sunt atașate la Decizia Consiliului și conturează așteptările, recomandările și alte orientări pentru Aderenți, Punctele Naționale de Contact pentru Conduita Responsabilă în Afaceri (PNC), Comitetul pentru Investiții (Comitetul), Grupul de Lucru pentru Conduita Responsabilă în Afaceri (WPRBC) și Secretariat, fără a crea drepturi sau obligații suplimentare în baza dreptului internațional. Așteptările sunt semnalizate prin utilizarea timpului viitor . Recomandările sunt semnalizate prin utilizarea formulelor „trebuie " sau „încurajează". Orientările sunt semnalizate prin utilizarea verbului „a putea".

2. Decizia Consiliului stabilește responsabilitățile cheie ale Aderenților față de Liniile Directoare în ceea ce privește PNC-urile, rezumate astfel:

- Stabilirea PNC-urilor și informarea părților interesate despre disponibilitatea facilităților legate de *Liniile Directoare*.
- Punerea la dispoziție a resurselor umane și financiare necesare.
- Asigurarea cooperării între PNC-urile diferiților Aderenți, după caz.
- Asigurarea de reuniuni periodice ale PNC-urilor și a posibilității de raportare către Comitet.

3. Decizia Consiliului stabilește, de asemenea, responsabilitățile Comitetului față de *Liniile directoare*, inclusiv:

- Organizarea schimburilor de opinii pe teme legate de *Liniile directoare*.
- Emiterea de clarificări, după caz.
- Organizarea schimburilor de opinii cu privire la activitățile PNC-urilor.
- Raportarea către Consiliul OCDE cu privire la Liniile directoare.

4. Comitetul pentru Investiții este organismul OCDE responsabil pentru supravegherea funcționării Liniilor Directoare. Această responsabilitate se aplică nu doar *Liniilor Directoare*, ci și tuturor elementelor Declarației (Instrumentul privind Tratamentul Național și instrumentele privind stimulentele și obstacolele la investiții internaționale, precum și obligațiile conflictuale). Comitetul urmărește să asigure că fiecare element din Declarație este respectat și înțeles și că toate se completează și funcționează în armonie între ele.

5. WPRBC este un organism subsidiar al Comitetului cu responsabilități legate de Linii Directoare și Decizie. Procedurile enumeră o serie de modalități prin care WPRBC oferă asistență Comitetului, inclusiv:

- Dezvoltarea modalităților pentru evaluările periodice inter pares ale PNC-urilor, supravegherea organizării evaluărilor de către Secretariat și aprobarea rapoartelor de evaluare;
- Oferirea de îndrumări consultative PNC-urilor care au întrebări cu privire la interpretarea Liniilor directoare în circumstanțe particulare;

- Pregătirea răspunsurilor Comitetului la sesizările fundamentate și cererile de clarificare a Liniilor directoare;
- Consilierea Comitetului în formularea de recomandări pentru un Aderent al cărui PNC a devenit manifest nefuncțional pentru o perioadă extinsă de timp și fără un motiv legitim;
- Sprijinirea Comitetului în analiza rapoartelor anuale ale PNC-urilor și emiterea unui raport public anual privind activitatea PNC-urilor.

6. Reflectând relevanța crescândă a conduitei responsabile în afaceri pentru non-Aderenți, Decizia prevede implicarea și cooperarea cu non-Aderenții în chestiunile acoperite de *Liniile directoare*. Această prevedere permite Comitetului să organizeze întâlniri speciale cu non-Aderenți interesați pentru a promova înțelegerea standardelor și principiilor conținute în Liniile directoare și a procedurilor de implementare. Sub rezerva procedurilor relevante OCDE, Comitetul poate, de asemenea, să-i asocieze cu activități speciale sau proiecte privind conduita responsabilă în afaceri, inclusiv prin invitarea acestora la întâlnirile sale.

7. Comitetul va coopera cu PNC-urile și va căuta oportunități de colaborare cu organismele consultative (BIAC și TUAC), OCDE Watch și alți parteneri internaționali cu scopul de a promova proactiv implementarea eficientă a *Liniilor directoare*. În special, ca parte a activității sale de supraveghere a implementării Declarației, Comitetul, cu sprijinul WPRBC, va oferi îndrumări privind diligența necesară a întreprinderilor pentru conduita responsabilă în afaceri, și va acționa în vederea întăririi capacității întreprinderilor de a le pune în aplicare, inclusiv în sectoare, zone geografice și domenii specifice de risc. Acest demers va fi realizat prin, printre altele, implicarea părților interesate și va lua în considerare necesitățile întreprinderilor mici și mijlocii, în colaborare cu PNC-urile. Alte îndrumări în acest sens pentru PNC-uri sunt oferite la paragraful 21 de mai jos.

## I. Comentariu asupra procedurilor pentru PNC-uri

8. PNC-urile au un rol important în creșterea profilului și eficacității *Liniilor directoare*. Deși întreprinderile sunt cele responsabile pentru respectarea Liniilor directoare în comportamentul lor zilnic, autoritățile și PNC-urile pot contribui la îmbunătățirea implementării eficiente a acestora. În acest scop, s-a convenit că sunt justificate instrucțiuni mai precise pentru organizarea și activitățile PNC-urilor, inclusiv prin realizarea de întâlniri periodice și supravegherea din partea Comitetului.

9. Multe dintre funcțiile și activitățile din Procedurile Deciziei nu sunt noi, ci reflectă experiențele și recomandările dezvoltate de-a lungul anilor. Prin asigurarea unui caracter explicit al acestora, funcționarea așteptată a mecanismelor de implementare a *Liniilor directoare* devine mai transparentă. Toate funcțiile sunt acum detaliate în cele șase părți ale Procedurilor referitoare la PNC-uri: aranjamente instituționale, informații și promovare, cazuri specifice, suport pentru eforturile guvernului de a promova conduita responsabilă în afaceri, raportare și evaluări inter pares.

10. Aceste șase părți sunt precedate de un paragraf introductiv care stabilește scopul de bază al PNC-urilor, împreună cu criteriile esențiale de eficacitate. Deși autoritățile au flexibilitate în modul în care își organizează PNC-urile, toate PNC-urile ar trebui să funcționeze cu un grad echivalent de eficacitate, definit ca „echivalență funcțională". Echivalența funcțională este crucială pentru contribuția eficientă a întregii rețele PNC la implementarea Liniilor directoare, în special în ceea ce privește implicarea deplină a tuturor PNC-urilor în mecanismul de cazuri specifice. Implicarea tuturor PNC-urilor este importantă pentru încrederea părților interesate și pentru eficacitatea globală a PNC-urilor în ansamblul lor. Toate PNC-urile, fiecare în funcție de circumstanțele lor particulare, vor urmări echivalența funcțională prin atingerea criteriilor esențiale de eficacitate descrise mai jos în îndeplinirea responsabilităților care le revin, ceea ce va asista, de asemenea, Comitetul și WPRBC în evaluările inter pares și în discuțiile despre comportamentul PNC-urilor.

**Criteriile Esențiale de Eficacitate pentru Echivalența Funcțională în Activitățile PNC-urilor:**

a. **Vizibilitate.**

În conformitate cu Decizia, Aderenții sunt de acord să înființeze PNC-uri care să fie ușor de identificat de către părțile interesate și organele publice competente din interiorul și din afara țării lor, precum și să informeze comunitatea de afaceri, organizațiile lucrătorilor și alte părți interesate, inclusiv ONG-uri, despre disponibilitatea facilităților asociate cu PNC-urile în implementarea *Liniilor directoare*. Ca pas fundamental, PNC-urile vor dispune de un site web sau de o pagină web cuprinzătoare. Autoritățile sunt așteptate să publice informații despre PNC-uri, cum ar fi poziția în administrație, aranjamentele instituționale și procedurile de gestionare a cazurilor, și să joace un rol activ în promovarea *Liniilor directoare*, ceea ce ar putea include evenimente promoționale și materiale referitoare la instrument. Aceste evenimente sau materiale ar putea fi pregătite în cooperare cu mediul de afaceri, sindicate, ONG-uri și alte părți interesate, deși nu neapărat cu toate grupurile în fiecare ocazie.

b. **Accesibilitate.**

Facilitarea accesului la PNC-uri este importantă pentru buna funcționare a acestora. Aceasta include facilitarea accesului pentru mediul de afaceri, sindicate, ONG-uri și public în general. PNC-urile ar trebui să răspundă tuturor solicitărilor legitime de informații și să se angajeze, de asemenea, să gestioneze cazurile specifice într-un mod eficient și în timp util. PNC-urile nu vor percepe o taxă pentru depunerea unei cereri, iar cerințele pentru depunerea unui caz vor fi clar exprimate, ușor disponibile și nu vor fi inutil de împovărătoare. După caz și în funcție de timpul și bugetul de care dispun, PNC-urile pot oferi, de asemenea, asistență imparțială și echitabilă părților implicate. Această asistență poate viza, de exemplu, utilizarea limbilor și traducerilor, îndrumări pentru prezentarea unei cereri admisibile și implicarea în mediere, oferirea de flexibilitate în privința termenelor limită sau de opțiuni accesibile pentru participarea în proceduri, cum ar fi facilități de întâlnire la distanță.

c. **Transparență.**

Transparența este un criteriu important prin contribuția la celelalte criterii esențiale de eficacitate și de câștigare a încrederii părților interesate, a părților implicate în cazuri specifice și a publicului larg. Astfel, ca principiu general și sub rezerva legislației aplicabile, activitățile PNC-ului vor fi transparente. De exemplu, publicarea rapoartelor anuale ale PNC-urilor către OCDE poate demonstra transparența. Cu toate acestea, în cazuri specifice, PNC-ul poate stabili confidențialitatea anumitor aspecte ale procedurilor, conform Secțiunii I.C.6.-7. din Proceduri și comentariie aferente.

d. **Responsabilitate.**

Având în vedere rolul PNC-urilor în creșterea notorietății *Liniilor directoare* – și potențialul de a ajuta la gestionarea chestiunilor delicate dintre întreprinderi și comunitățile în care acestea operează – PNC-urile sunt responsabile pentru activitățile lor. La nivel național, parlamentele, autoritățile, organismele consultative ale PNC-urilor, acolo unde este cazul, precum și părțile interesate, ar putea fi implicate în furnizarea de feedback cu privire la activitățile PNC-urilor și ar putea acționa ca o sursă de învățare continuă pentru a îmbunătăți performanța PNC-urilor. Rapoartele anuale, întâlnirile periodice ale PNC-urilor, activitățile de învățare reciprocă și evaluările inter pares vor oferi o oportunitate de a împărtăși experiențe și de a încuraja „cele mai bune practici" în ceea ce privește PNC-urile. Comitetul și WPRBC vor desfășura de asemenea schimburi de opinii și de experiențe, în cadrul cărora ar putea fi evaluată eficiența activităților PNC-urilor.

**e. Imparțialitate și echitate.**

Imparțialitatea și echitatea sunt cerințe prealabile pentru încrederea continuă a părților interesate, a părților implicate în cazuri specifice și a publicului larg. În consecință, autoritățile își vor organiza PNC-urile de o manieră care să le permită să acționeze și să fie percepute ca atare. PNC-urile vor asigura imparțialitatea în soluționarea cazurilor specifice, inclusiv vor căuta activ să prevină și să abordeze conflicte de interese potențiale sau percepute ale oricărei persoane care în numele PNC-ului asistă părțile în soluționarea problemelor ridicate într-un caz specific. PNC-urile ar trebui, de asemenea, să caute să garanteze, în special prin proceduri clare și accesibile de gestionare a cazurilor, că părțile pot participa în proceduri în condiții corecte și echitabile, de exemplu, căutând să se asigure că dezechilibrele de putere și resurse nu împiedică părțile să se angajeze eficient în proces sau oferind acces rezonabil la sursele de informații relevante pentru procedură.

**f. Previzibilitate.**

Prin activitățile desfășurate, PNC-urile vor oferi informații clare și publice cu privire la rolul și procedurile pe care le urmează pentru a-și îndeplini responsabilitățile, în special în soluționarea cazurilor specifice. Domeniile în care aceste informații ar trebui să fie furnizate includ:

- Furnizarea de bune oficii:
- Etapele procedurale ale cazului specific, inclusiv termenele orientative și criteriile pentru evaluarea inițială.
- Așteptările privind buna-credință și confidențialitatea:.
- Natura procedurii și posibilele rezultate.
- Rolul PNC-urilor în monitorizarea implementării acordurilor între părți sau a recomandărilor făcute de PNC.
- PNC-urile vor publica proceduri de gestionare a cazurilor, redactate în termeni clari și accesibili și vor informa în mod regulat părțile implicate în cazuri specifice despre progresul acestora, în special atunci când trebuie extinse termenele orientative stabilite în paragrafele 51 și 52 de mai jos.

**g. Compatibilitate cu *Liniile directoare.***

PNC-urile vor opera într-un mod compatibil cu *Liniile directoare*. Când abordează cazuri specifice, aceasta înseamnă, în special, colaborarea cu părțile pentru a evita orice situație în care acordurile atinse ar fi contrare Liniile directoare sau în care procedurile de gestionare a cazurilor ar fi inconsistente cu Procedurile.

**Aranjamente instituționale**

11. Aranjamentele instituționale ale PNC-urilor vor permite acestora să îndeplinească criteriile esențiale de eficacitate, să mențină încrederea partenerilor sociali, acolo unde este cazul, și a altor părți interesate, și să promoveze vizibilitatea publică a *Liniilor directoare*. Decizia și Procedurile oferă Aderenților flexibilitate în stabilirea aranjamentelor instituționale ale PNC-ului, identificând diferite opțiuni posibile. Acestea enumeră caracteristicile minime necesare pentru a îndeplini aceste așteptări, cum ar fi implicarea la vârf a conducerii, dispunerea de resurse umane și financiare suficiente și accesul adecvat la expertiză în chestiunile acoperite de *Liniile directoare*. Autoritățile dispun de o anumită flexibilitate cu privire la denumirea PNC, adaptat contextului național. Pentru a promova încrederea în PNC, autoritățile ar trebui să consulte părțile interesate în legătură cu deciziile care pot afecta semnificativ aranjamentele instituționale ale PNC-ului.

12. Indiferent de structura aleasă de autorități pentru PNC, acestea sunt încurajate să stabilească organisme de consultare sau de supraveghere pluripartită, după caz, pentru a ajuta PNC-urile în sarcinile lor.

13. Resursele adecvate sunt esențiale pentru eficacitatea și autoritatea PNC-urilor. Decizia solicită Aderenților să asigure PNC-urilor resursele umane și financiare necesare pentru a-și îndeplini responsabilitățile într-un mod care să corespundă pe deplin criteriilor de eficacitate. Aderenții sunt încurajați să pună la dispoziția PNC-urilor aceste resurse ca parte a unui buget dedicat, după caz. În caz de rotație a personalului, Aderenții ar trebui să asigure continuitatea. Acest lucru poate include oferirea de formare adecvată pentru noul personal, după necesități și cu sprijinul Secretariatului, și păstrarea memoriei instituționale.

14. PNC-urile, indiferent de componența lor, vor dezvolta și menține relații constructive și vor interacționa cu reprezentanții organelor publice competente, comunității de afaceri, organizațiilor de lucrători, altor organizații neguvernamentale și altor părți interesate, pentru a câștiga sprijinul activ și încrederea părților interesate.

**Informații și Promovare**

15. Atribuțiile PNC asociate cu informarea și promovarea sunt fundamentale pentru creșterea notorietății și a gradului de conștientizare a *Liniilor Directoare* în rândul părților interesate și al publicului larg, și pentru încurajarea întreprinderilor să acționeze în conformitate cu *Liniile Directoare* și să utilizeze Ghidurile OCDE privind diligența necesară.

16. PNC-urile sunt obligate să promoveze activ Liniile Directoare și sunt încurajate să promoveze Ghidurile OCDE privind diligența necesară, după caz, conform Recomandărilor Consiliului privind aceste Ghiduri și ținând cont de natura specifică a Ghidurilor conform paragrafului 15 din comentariul aferent Capitolului II al *Liniilor Directoare*. Exemple de activități de promovare includ furnizarea de materiale pentru părțile interesate sau organizarea ori participarea la evenimente privind conduita responsabilă în afaceri. Pot fi promovate și evenimentele legate de conduita responsabilă în afaceri organizate de OCDE, alte PNC-uri sau actori relevanți. Activitățile de promovare desfășurate de PNC și informațiile aferente ar trebui să fie ușor accesibile, disponibile online și prin alte mijloace adecvate, inclusiv în limbile naționale. Linkuri către *Liniile Directoare* și Ghidurile OCDE privind diligența necesară în conduita responsabilă în afaceri ar trebui să fie incluse pe site-ul web al PNC. Versiunile în limba engleză și franceză vor fi disponibile la Secretariatul OCDE.

17. După caz, PNC-urile vor căuta să ofere activitățile și informațiile menționate anterior într-un mod echitabil unui grup divers și reprezentativ de părți interesate relevante. Procedurile menționează cu titlu de exemplificare investitorii potențiali, atât interni cât și externi. PNC-urile sunt, de asemenea, încurajate să colaboreze cu organele publice competente și rețelele diplomatice, care pot acționa ca amplificatori importanți pentru promovarea Liniilor Directoare și pentru conștientizarea PNC, inclusiv în rândul părților interesate din alte țări. În funcție de contextul și resursele unui PNC, cartografierea părților interesate și planurile de promovare pot ajuta la creșterea impactului și a ariei de acoperire a eforturilor de promovare ale unui PNC.

18. PNC-urile ar trebui să furnizeze, de asemenea, informații despre responsabilitățile și activitățile lor în lumina criteriilor esențiale de eficacitate. PNC-urile ar trebui să își promoveze rolul în cazuri specifice față de părțile interesate relevante, inclusiv, acolo unde este posibil și adecvat, față de potențialii depunători de cazuri specifice. Această activitate ar trebui să includă informații despre procedurile pe care părțile ar trebui să le urmeze la depunerea sau în răspunsul la un caz specific, consiliere cu privire la informațiile necesare pentru a depune un caz specific, cerințele pentru părțile participante la cazuri specifice, inclusiv în privința confidențialității, și procedurile și termenele indicative care vor fi urmate de PNC.

19. În eforturile de a crește gradul de conștientizare a *Liniilor Directoare*, PNC-urile vor coopera cu o gamă largă de organizații și persoane, inclusiv, după caz, cu organe publice competente, comunitatea de afaceri, organizații ale lucrătorilor, organizații neguvernamentale și alte părți interesate. Astfel de organizații au un interes puternic în promovarea *Liniilor Directoare*, iar rețelele lor instituționale oferă

oportunități de promovare care, dacă sunt utilizate în acest scop, vor îmbunătăți considerabil eforturile PNC-urilor în acest sens.

20. O altă activitate de bază așteptată din partea PNC-urilor este să răspundă solicitărilor legitime de informații. Trei grupuri au fost evidențiate în acest sens: i) alte PNC-uri (aspect reflectat de o prevedere din Decizie); ii) comunitatea de afaceri, organizațiile lucrătorilor, alte organizații neguvernamentale și publicul; și iii) autoritățile din statele ne-Aderente.

21. Pentru a sprijini Comitetul și WPRBC în promovarea proactivă a implementării *Liniilor Directoare*, PNC-urile ar trebui să mențină un contact regulat, inclusiv întâlniri, cu partenerii sociali, acolo unde este aplicabil, și cu alte părți interesate, pentru a:

- analiza noile evoluții și practici emergente în ceea ce privește conduita responsabilă în afaceri;
- sprijini contribuțiile pozitive pe care întreprinderile le pot aduce progresului economic, social și de mediu;
- participa, după caz, la inițiative de colaborare pentru identificarea riscurilor de impact negativ asociate cu anumite produse, regiuni, sectoare sau industrii, și respectiv a răspunsului la acestea.

### Învățare reciprocă

22. Pe lângă contribuția la activitatea de îmbunătățire a eficienței *Liniilor directoare* în cadrul Comitetului și a Grupului de Lucru pentru Conduita Responsabilă în Afaceri, PNC-urile vor participa la activități comune de învățare reciprocă. Această învățare reciprocă poate fi realizată prin întâlniri la OCDE sau prin cooperare directă între PNC-uri.

### Evaluări inter pares

23. Evaluările inter pares reprezintă un mecanism important pentru a îmbunătăți implementarea eficientă a Liniilor Directoare, a împărtăși cele mai bune practici și a promova echivalența funcțională. Conform deciziei, Aderenții se angajează să desfășoare evaluări periodice între egali ale PNC-urilor. Secretariatul va organiza aceste evaluări sub supravegherea WPRBC. Evaluările inter pares vizează punctele forte și punctele slabe ale PNC-ului în ceea ce privește îndeplinirea mandatului și criteriile esențiale de eficiență definite în Secțiunea I a Procedurilor și fac recomandări pentru îmbunătățire, dacă este cazul.

24. Modalitățile evaluărilor periodice inter pares (procesul, durata ciclului de evaluare și aranjamentele de finanțare) vor fi definite într-un „Șablon de Bază pentru evaluările între egali ale PNC-urilor", care va fi aprobat prin consens de către WPRBC și publicat pe site-ul OCDE. WPRBC va revizui Șablonul de Bază la sfârșitul fiecărui ciclu, în special pentru a se asigura că PNC-urile au suficient timp să se pregătească pentru evaluările inter pares, că acestea nu reprezintă o povară nerezonabilă, sunt rentabile pentru autorități și PNC-uri (inclusiv pentru PNC-urile examinatoare) și țin cont de volumul de muncă al WPRBC și al Secretariatului, iar procesul de selecție pentru PNC-urile examinatoare asigură că tuturor PNC-urilor li se oferă oportunitatea de a participa la echipele de evaluare. Ciclul evaluărilor periodice inter pares nu va începe până când modalitățile nu vor fi aprobate de WPRBC.

### Cazuri specifice

25. Când apar probleme legate de implementarea *Liniilor Directoare* în cazuri specifice, PNC-ul are obligația de a asista la soluționarea acestora, acționând ca un mecanism non-juridic de soluționare a plângerilor. În acest context, PNC-urile vor căuta să faciliteze dialogul între părți și să le sprijine în găsirea unor soluții mutual acceptabile și compatibile cu *Liniile Directoare*, dar și să informeze activ acest dialog cu expertiza lor în ceea ce privește *Liniile Directoare*. PNC-urile ar trebui, de asemenea, să redacteze declarații finale astfel încât să ofere îndrumări cu privire la soluționarea problemelor și implementarea *Liniilor Directoare*. Ghidul OCDE privind diligența necesară pentru conduita responsabilă în afaceri și ghidurile sectoriale OCDE sunt resurse utile pentru PNC-uri în înțelegerea și promovarea *Liniilor*

*Directoare*, dar nu sunt menite să servească drept unică bază pentru depunerea cazurilor specifice. Fiecare PNC va publica proceduri clare și ușor accesibile de gestionare a cazurilor, care să descrie procedura sa pentru cazurile specifice, în conformitate cu aceste Proceduri. PNC-urile sunt încurajate să-și dezvolte procedurile de gestionare a cazurilor în consultare cu părțile interesate.

**Dialogul de bună credință**

26. Procedura de cazuri specifice este o procedură voluntară. Se așteaptă ca toate părțile implicate să participe cu bună credință la proceduri. Angajamentul cu bună credință în acest context înseamnă să se răspundă într-un mod prompt, să fie respectate cerințele de confidențialitate acolo unde este cazul și în conformitate cu procedurile de gestionare a cazurilor ale PNC-ului, să se evite denaturarea problemelor și a procedurii, în special în comunicările publice, și să nu se facă amenințări sau represalii împotriva părților implicate în procedură sau împotriva PNC-ului însuși, și să se participe cu adevărat la proceduri cu scopul de a găsi o soluție compatibilă cu *Liniile Directoare* pentru problemele ridicate, inclusiv luând în serios orice ofertă de bune oficii făcută de PNC.

27. În cazul în care un PNC devine conștient de amenințări sau de existența unor represalii împotriva unei persoane implicate într-un caz specific sau împotriva PNC-ului sau a unui membru al acestuia, ar trebui să ia măsuri în limitele capacităților sale și în consultare cu alte entități guvernamentale relevante, cum ar fi misiunile diplomatice, dacă este cazul, cu scopul de a asigura că persoana amenințată beneficiază de o protecție adecvată și că procedurile pot continua într-un mod sigur, accesibil, echitabil și imparțial. Înainte de a întreprinde orice acțiune în acest sens, PNC-ul va consulta persoana amenințată, acolo unde este posibil. Represaliile pot include amenințări în scopul de a vătăma individul, familia sau alți apropiați, amenințări nepotrivite de a încheia contractul de angajare sau beneficiile ori amenințări nepotrivite de acțiune legală. Măsurile adecvate pot include, de exemplu, menținerea confidențialității asupra identității persoanei amenințate, sugerarea ca persoana amenințată să fie reprezentată de o terță parte de încredere, documentarea tentativelor de represalii prin declarații, contactarea autorităților relevante sau asistența acordată persoanei amenințate să facă acest lucru.

28. În plus, pentru a păstra accesibilitatea și imparțialitatea, autoritățile ar trebui să ia măsuri adecvate pentru a proteja PNC-ul și membrii acestuia împotriva represaliilor, în conformitate cu legislația națională și în consultare cu autoritățile guvernamentale competente. Autoritățile ar trebui să sprijine măsurile luate de PNC pentru a se proteja pe sine și pe membrii săi.

**Coordonarea între PNC-uri în cazuri specifice**

29. Întrucât *Liniile Directoare* sunt adresate de Aderenți întreprinderilor care operează „în sau din" teritoriul lor, PNC-urile pot primi cazuri specifice legate de probleme apărute în țara lor sau, alternativ, probleme referitoare la întreprinderi stabilite în țara lor. În consecință, anumite cazuri specifice pot implica PNC-urile mai multor Aderenți, cum ar fi:

- atunci când un caz specific implică diferite țări aderente gazdă și de origine (de exemplu, în ceea ce privește activitățile unei întreprinderi cu sediul în unul dintre Aderenți și care are impacte în alt Aderent, sau o întreprindere cu sedii diferite în mai mulți Aderenți);
- atunci când problemele ridicate într-un caz specific au loc în mai mulți Aderenți sau implică mai multe întreprinderi stabilite în mai mulți Aderenți;
- atunci când același caz specific sau cazuri specifice conexe (cum ar fi cazuri specifice care implică diferite întreprinderi active în același proiect sau în același lanț de aprovizionare) sunt depuse la mai multe PNC-uri.

În astfel de situații, PNC-urile care au primit cazul/cazurile specifice vor informa și coordona toate celelalte PNC-uri implicate de la început, cu scopul de a desemna PNC-ul principal și cele de sprijin și de a adopta aranjamente de coordonare.

30. În general, PNC-ul țării în care au apărut problemele va fi PNC-ul principal. Cu toate acestea, în anumite situații, pot fi aplicate alte criterii, de exemplu, atunci când este necesar pentru a contribui la soluționarea problemelor ridicate sau când problemele au apărut într-un non-Aderent. Părțile ar trebui să fie informate cu privire la aranjamentele de coordonare și consultate cu privire la deciziile de transferare a cazului către un alt PNC principal decât cel căruia i-a fost depus cazul.

31. PNC-ul principal este responsabil pentru toate aspectele referitoare la cazul specific, iar procedurile sale de gestionare a cazurilor vor fi aplicabile procesului. Pe tot parcursul procedurii de caz specific, PNC-urile de sprijin vor fi ținute la curent cu evoluțiile și pot oferi resurse, de exemplu, revizuind declarațiile/rapoartele, oferind servicii de traducere, sprijinind întâlnirile comune cu părțile și orice altă formă de asistență practică. PNC-urile de sprijin vor acționa cu bună credință pentru a promova soluționarea cazului specific, iar toate PNC-urile implicate vor respecta confidențialitatea și utilizarea adecvată a informațiilor și materialelor primite de la alte PNC-uri.

32. PNC-urile pot solicita asistență, inclusiv propuneri, de la Președintele WPRBC atunci când discută selecția PNC-urilor principale și de sprijin și coordonarea între acestea. Dacă PNC-urile nu reușesc să ajungă la un consens, PNC-urile care au primit cazurile specifice ar trebui să ia o decizie finală asupra cazului, în consultare cu celelalte PNC-uri implicate, și să le informeze regulat despre progresul cazului.

**Evaluarea Inițială**

33. După ce consultă părțile cu privire la problemele ridicate și, dacă este cazul, se coordonează cu alte PNC-uri implicate pentru a desemna un PNC principal conform paragrafelor 29-32 de mai sus, PNC-ul va face o evaluare inițială pentru a determina dacă problema ridicată justifică o examinare suplimentară. În realizarea acestei evaluări inițiale, PNC va lua în considerare:

- Identitatea părții implicate și interesul acesteia în problemă;
- Relevanța: dacă problema este materială, adică relevantă pentru implementarea *Liniilor directoare*; și substanțierea: adică dacă este susținută de informații suficiente și credibile;
- Aplicabilitatea: dacă întreprinderea este acoperită de *Liniile directoare*;
- Legătura: dacă există o legătură între activitățile întreprinderii și problema ridicată în cazul specific;
- Proceduri paralele: măsura în care legislația aplicabilă și/sau procedurile paralele limitează capacitatea PNC de a contribui la rezolvarea problemei și/sau la implementarea *Liniilor directoare*, conform paragrafului 35 de mai jos;
- Eficacitate: dacă examinarea problemei ar contribui la scopurile și eficiența *Liniilor directoare*.

34. După evaluarea inițială, PNC va răspunde părților implicate. Dacă PNC decide că problemele nu justifică o examinare suplimentară, va informa părțile despre motivele acestei decizii. O decizie conform căreia un caz merită o examinare suplimentară nu înseamnă că problemele ridicate au fost considerate definitiv și nu implică nicio constatare cu privire la conformitatea sau neconformitatea întreprinderii cu *Liniile directoare.*

**Proceduri paralele**

35. Termenul „proceduri paralele" se referă la proceduri judiciare sau non-judiciare, care pot fi de natură națională sau internațională, implicând aceleași sau probleme strâns legate și care ar putea influența cazul specific în curs. Acestea includ, de exemplu, instanțe specifice în fața aceluiași PNC sau a altui PNC. Dacă au existat, sunt în desfășurare sau avute în vedere proceduri paralele de către părțile implicate, acest lucru nu împiedică PNC să-și ofere bunele oficii părților. PNC-urile ar trebui să evalueze dacă o ofertă de bune oficii ar putea contribui pozitiv la rezolvarea problemelor ridicate și/sau la implementarea pe viitor a *Liniilor directoare* și dacă nu ar crea prejudicii grave pentru una dintre părțile implicate în aceste alte proceduri sau ar aduce atingere autorității judiciare. În realizarea acestei evaluări, PNC-urile ar putea ține cont de practica altor PNC-uri, ar putea lua în considerare posibilitatea de a accepta parțial cazul specific sau de a-și suspenda examinarea pe durata procedurilor paralele și, după caz, ar

putea consulta instituțiile în care se desfășoară sau s-ar putea desfășura procedurile paralele. PNC-urile vor solicita părților informații și opinii relevante cu privire la procedurile paralele.

**Bunele oficii**

36. În cazul în care problemele ridicate justifică o examinare suplimentară, PNC va oferi „bune oficii" pentru a contribui la soluționarea acestora. Ca parte a bunelor oficii, PNC poate solicita punctul de vedere al autorităților relevante, precum și al reprezentanților comunității de afaceri, organizațiilor sindicale, altor organizații neguvernamentale și experților, în conformitate cu procedurile proprii de gestionare a cazurilor ale PNC. Consultarea cu PNC-urile din alte țări sau solicitarea de informații din partea Secretariatului sau a WPRBC cu privire la interpretarea *Liniilor directoare* poate, de asemenea, ajuta la soluționarea problemelor ridicate.

37. Prin bunele lor oficii, PNC-urile vor oferi o platformă de dialog între părți pentru a le ajuta la rezolvarea problemelor ridicate. În conformitate cu natura non-judiciară a procedurii cazului specific și sub rezerva consimțământului părților, rolul PNC include crearea condițiilor pentru dialog și acord între părți, prin intermediul unui angajament din partea întreprinderii de a continua implementarea pe viitor a *Liniilor directoare* și, acolo unde este relevant, de a remedia, în conformitate cu Liniile directoare , impactele negative produse. Alături de facilitarea dialogului, PNC-ul ar trebui să explice prevederile relevante ale *Liniilor directoare* în raport cu problemele ridicate, ca mijloc de sprijinire a părților de a ajunge la un acord compatibil cu acestea.

38. Ca parte a asigurării bunelor oficii și, acolo unde este relevant pentru problemele în cauză, PNC-urile vor oferi sau facilita accesul la mecanisme consensuale și necontencioase, precum medierea sau concilierea, pentru a asista părțile în soluționarea problemelor în cauză. În conformitate cu practicile acceptate în materie de conciliere și mediere, aceste mecanisme vor fi utilizate doar cu acordul părților implicate și cu angajamentul acestora de a participa cu bună credință în timpul procedurii. Dacă se optează pentru mediere, PNC-urile pot alege să desfășoare medierea ele însele sau să angajeze mediatori externi, în consultare cu părțile, pentru a desfășura sau sprijini medierea.

**Concluzia Procedurilor**

39. Se așteaptă ca PNC-urile să facă întotdeauna publice rezultatele unui caz specific, în conformitate cu paragrafele I.C-4. și I.C-6. din Proceduri.

40. Atunci când PNC, după ce a realizat evaluarea inițială, decide că problemele ridicate în cazul specific nu justifică o examinare suplimentară, va emite o declarație publică, după consultarea părților implicate și cu respectarea confidențialității informațiilor sensibile de afaceri sau a altor informații. Dacă PNC consideră că, pe baza rezultatelor evaluării inițiale, ar fi incorect să identifice public o parte în declarația emisă privind decizia, poate redacta declarația de o manieră în care să protejeze identitatea părții.

41. PNC poate, de asemenea, face publică decizia conform căreia problemele ridicate justifică o examinare suplimentară, respectiv oferta de bune oficii către părțile implicate.

42. Dacă părțile implicate ajung la un acord privind problemele ridicate, acordul ar trebui să detalieze cum și în ce măsură conținutul va fi făcut public. PNC, în consultare cu părțile, va face publică o declarație cu rezultatele procedurilor. PNC poate face la rândul său recomandări privind implementarea *Liniilor directoare*, chiar dacă există un acord sau un acord parțial între părți.

43. Dacă părțile implicate nu ajung la un acord privind toate sau unele dintre problemele ridicate, dacă una sau ambele părți se retrag din procedură, sau dacă PNC constată că una sau mai multe dintre părțile implicate în cazul specific nu doresc să se angajeze sau să participe cu bună credință, PNC va emite o declarație și va face recomandări, după caz, cu privire la implementarea *Liniilor directoare* în legătură cu problemele ridicate. Această procedură clarifică faptul că un PNC va emite o declarație, chiar și atunci când consideră că nu este necesară o recomandare specifică. Declarația ar trebui să menționeze

identitatea părților implicate, problemele în cauză, data la care problemele au fost ridicate către PNC, eventualele recomandări și observații din partea PNC considerate adecvate în legătură cu motivele pentru care procedurile nu au dus la un acord.

44. Dacă este relevant și adecvat pentru rezolvarea problemelor, PNC poate să își exprime, de o manieră discreționară și în conformitate cu legislația națională aplicabilă și procedurile sale de gestionare a cazurilor, opinia în declarația finală cu privire la respectarea sau ne-respectarea de către întreprindere a *Liniilor directoare*. De asemenea, unde este adecvat, PNC poate informa organele publice competente despre implicarea de bună credință a părților sau lipsa acesteia și ar trebui să comunice în mod transparent cu părțile cu privire la pașii intenționați sau efectivi în acest sens.

45. PNC ar trebui să ofere părților oportunitatea de a face comentarii asupra proiectului de declarație. Totuși, declarația aparține PNC și este la discreția acestuia să decidă dacă va schimba sau nu proiectul de declarație în urma comentariilor primite de la părți.

**Monitorizare**

46. PNC-urile vor monitoriza punerea în aplicare a acordurilor facilitate sau recomandărilor adresate, după caz. Monitorizarea poate să nu fie relevantă în situațiile în care părțile refuză o astfel de monitorizare sau sunt de acord că problemele au fost complet soluționate. Termenele pentru monitorizare ar trebui indicate în declarația PNC. Monitorizarea poate implica, de exemplu, solicitări de actualizări de la părți, organizarea uneia sau mai multor întâlniri ale PNC cu părțile (separat sau împreună) pentru a evalua progresul în implementarea angajamentelor asumate în acord sau a recomandărilor PNC. PNC ar trebui să publice declarații de monitorizare după efectuarea acesteia.

**Transparență și Confidențialitate**

47. Transparența constituie un principiu general care ghidează activitatea PNC-urilor (vezi paragraful 10c. din secțiunea „Criterii de Eficacitate de Bază” de mai sus). Cu toate acestea, paragraful I.C-6. din Proceduri admite că există circumstanțe specifice în care este justificată menținerea confidențialității anumitor fapte și argumente prezentate de părți. De exemplu, PNC va lua măsuri adecvate pentru a proteja informațiile sensibile de afaceri, cum ar fi secretele comerciale. În mod similar, alte informații, cum ar fi identitatea persoanelor implicate în proceduri, ar trebui păstrate confidențiale, de exemplu dacă divulgarea poate genera represalii la adresa acestora sau a persoanelor apropiate. Cu toate acestea, este important să se găsească un echilibru între transparență și confidențialitate pentru a construi încrederea în procesarea cazului specific și a promova implementarea eficientă a *Liniilor directoare*. Dincolo de aceste prevederi, PNC-urile pot fi ținute să respecte legislația națională în materie de transparență și divulgare a informațiilor.

48. În ceea ce privește partajarea informațiilor între părți, în vederea desfășurării unei proceduri echitabile, PNC ar trebui, în principiu, să aducă la cunoștința părților toate faptele și argumentele relevante prezentate PNC de către celelalte părți în timpul procedurii (în special în faza de bune oficii). Dacă o parte face o cerere rezonabilă de a nu partaja observațiile sale în integralitate celeilalte părți, în special pentru a proteja informații sensibile de afaceri și interesele altor părți interesate, PNC ar trebui să colaboreze cu partea care face observațiile pentru a edita orice conținut sensibil, în scopul facilitării partajării. Pe cât posibil, PNC-urile ar trebui să evite să își bazeze aspectele fundamentale ale deciziilor pe informații care nu sunt disponibile ambelor părți.

49. În ceea ce privește comunicarea publică sau cu terți, în conformitate cu criteriul de eficacitate de bază al transparenței, părțile și PNC pot comunica public despre existența cazului specific, cu excepția cazului în care se convine altfel între părți și PNC. În plus, PNC-urile sunt încurajate să permită părților să comunice public despre stadiul procesului, așa cum este descris în secțiunea I.C.1.-5. din Proceduri (sau să facă acest lucru ele însele) și să permită părților să publice propria cerere sau răspuns inițial. Ambele părți pot discuta, de asemenea, informațiile sau documentele partajate de cealaltă parte cu consilierii lor în cazul specific, cu condiția ca acești consilieri să nu divulge mai departe astfel de informații. Celelalte

informații vor fi confidențiale, cu excepția cazului în care părțile convin altfel. În special, PNC-urile vor informa părțile de la începutul procedurii că nu pot divulga în niciun moment fapte și argumente împărtășite în timpul procedurilor de cealaltă parte sau de către PNC în sine (inclusiv, dacă este cazul, de un mediator sau conciliator extern) care nu sunt deja în domeniul public, fără consimțământul celeilalte părți sau al PNC, respectiv. În interesul predictibilității, încrederii și siguranței, PNC-urile pot solicita asigurări scrise din partea părților și a consilierilor lor în acest sens și pot adopta prevederi în procedurile lor de gestionare a cazurilor care să încurajeze conformitatea cu cererile de nedivulgare.

**Probleme apărute în statele non-Aderente**

50. În conformitate cu paragraful 2 din capitolul Concepte și Principii, întreprinderile sunt încurajate să respecte Liniile directoare oriunde își desfășoară activitatea, ținând cont de circumstanțele particulare ale fiecărei țări gazdă.

- În cazul în care apar probleme legate de Liniile directoare în țările non-aderente, PNC-urile din țara de origine vor lua măsuri pentru a dezvolta o înțelegere a problemelor implicate. Deși nu este întotdeauna posibil accesul la toate informațiile relevante sau să fie reunite toate părțile implicate, PNC-ul poate totuși să fie în măsură să desfășoare anchete și să se angajeze în alte activități de culegere a informațiilor. Exemple de astfel de măsuri ar putea include contactarea conducerii întreprinderii din țara de origine și, după caz, ambasadele și autoritățile competente din statul non-Aderent.
- Dispozițiile contradictorii cu legile, reglementările, regulile și politicile țării gazdă pot face implementarea efectivă a Liniilor directoare în cazurile specific mai dificilă decât în Aderenți. Așa cum s-a menționat în comentariul la capitolul Politici Generale, în cazul în care Liniile directoare depășesc cadrul legal, ele nu ar trebui și nu sunt destinate să pună o întreprindere în situația de a se confrunta cu cerințe contradictorii.
- Părțile implicate vor trebui să fie informate despre limitările inerente în implementarea Liniilor directoare de către non-Aderenți.
- Problemele legate de aplicarea Liniilor directoare în non-Aderenți ar putea fi, de asemenea, discutate la reuniunile PNC-urilor, în vederea creșterii expertizei privind gestionarea problemelor care apar în non-Aderenți.

**Calendar indicativ**

51. Procedura pentru cazurile specifice cuprinde cinci etape diferite:

1. Coordonare: după caz, vizează coordonarea cu alte PNC-uri pe baza caracteristicilor cazului specific primit pentru a determina PNC-ul principal. Primele măsuri de coordonare pentru a identifica PNC-ul principal și pe cele de sprijin ar trebui luate în termen de două luni.
2. Evaluare inițială și decizie privind oferirea de bune oficii pentru a asista părțile: PNC-urile ar trebui să încerce să finalizeze evaluarea inițială în termen de trei luni de la identificarea PNC-urilor principale și de sprijin, deși în anumite cazuri poate fi necesar un interval suplimentar pentru a colecta sau traduce informațiile necesare pentru o decizie informată.
3. Asistență acordată părților în eforturile de soluționare a problemelor ridicate: Dacă un PNC decide să-și ofere bunele oficii , ar trebui să se străduiască să faciliteze soluționarea problemelor într-un mod prompt. Luând în considerare că realizarea de progrese prin bune oficii, inclusiv prin procedurile de mediere și conciliere, depinde în final de părțile implicate, PNC-ul ar trebui, după consultarea cu părțile, să stabilească un calendar rezonabil al discuțiilor dintre acestea pentru a soluționa problemele ridicate. Dacă acestea nu reușesc să ajungă la un acord în acest interval de timp, PNC-ul ar trebui să consulte părțile cu privire la utilitatea continuării asistenței sale; dacă PNC-ul ajunge la concluzia că nu va fi atins un rezultat prin continuarea procedurii, ar trebui să încheie procesul și să procedeze la redactarea unei declarații.

4. Finalizarea procedurii: PNC-ul ar trebui să se străduiască să emită declarația în termen de trei luni de la încheierea procedurii.
5. Monitorizare: PNC-ul își poate stabili propriul calendar pentru acțiunile de monitorizare, în consultare cu părțile.

52. Ca principiu general, PNC-urile ar trebui să încerce să finalizeze procedura în termen de 12 luni (14 luni dacă este necesară desfășurarea unei coordonări pentru a determina un PNC principal) de la primirea cazului specific până la finalizarea acestuia. Termenul poate fi extins în circumstanțe justificate, . Astfel de situații includ, dar nu se limitează la, cazurile în care problemele apar într-un stat non-Aderent, atunci când cazul specific implică mai multe întreprinderi, mai mulți solicitanți și mai multe PNC-uri sau când sunt necesare traduceri. Ori de câte ori se așteaptă sau se întâmpină întârzieri în gestionarea unui caz specific, PNC-ul ar trebui să informeze în timp util părțile, astfel încât procedura să rămână previzibilă. În conformitate cu procedurile sale de gestionare a cazurilor, PNC-ul poate decide să emită actualizări publice privind stadiul acestora.

**Raportarea către WPRBC și Comitetul de Investiții**

53. Activitatea de raportare constituie o responsabilitate importantă a PNC-urilor, care ajută, de asemenea, la crearea unei baze de cunoștințe și a unor competențe esențiale pentru îmbunătățirea eficacității *Liniilor directoa*re. În acest sens, PNC-urile își vor prezenta raportul anual către WPRBC și Comitetul de Investiții, în scopul de a include în Raportul Anual privind *Liniile directoare* OCDE informații despre toate cazurile specifice inițiate de părți. WPRBC va furniza Comitetului o analiză a rapoartelor anuale ale PNC-urilor pentru a fi inclusă în Raportul Anual privind *Liniile directoare*. Rapoartele anuale ale PNC-urilor ar trebui să includă cazurile specifice aflate în stadiile de coordonare, evaluare inițială, bune oficii, finalizare sau monitorizare. În raportarea privind activitățile de implementare în cazurile specifice, PNC-urile vor respecta considerațiile de transparență și confidențialitate stabilite în paragrafele I.C-6-7 din Proceduri și în procedurile lor de gestionare a cazurilor.

**Sprijin pentru eforturile guvernamentale de promovare a conduitei responsabile în afaceri**

54. Decizia recunoaște aportul PNC-urilor în dezvoltarea, administrarea și coerența politicilor și programelor guvernamentale care promovează conduita responsabilă în afaceri, după caz și de comun acord cu organele publice competente . În special, PNC-urile pot sprijini alinierea acestor eforturi cu Liniile directoare și pot contribui la menținerea standardului internațional reprezentat de acestea pentru conduita responsabilă în afaceri, precum și la alinierea altor instrumente și îndrumări OCDE derivate din Liniile directoare, precum Ghidurile OCDE privind diligența necesară.

55. Există diverse moduri în care PNC-urile pot sprijini autoritățile în eforturile de dezvoltare, implementare și promovare a coerenței politicilor de promovare a conduitei responsabile în afaceri, în funcție de context. În primul rând, PNC-urile sunt încurajate să informeze organele publice competente cu privire la declarațiile și rapoartele lor, precum și cu orice alte date, sondaje și informații, pe care le consideră relevante pentru politicile și programele unui organism specific, cum ar fi în materie de promovare a comerțului, diplomație economică sau alte forme de servicii și sprijin pentru întreprinderi. În al doilea rând, Aderenții au considerat utilă implicarea PNC-ului în dezvoltarea și implementarea politicilor sau programelor, cum ar fi planurile naționale de acțiune pentru conduita responsabilă în afaceri și/sau privind întreprinderile și drepturile omului. Această prevedere nu modifică natura voluntară a *Liniilor directoare*, iar orice sprijin oferit de PNC sau solicitat acestuia ar trebui să țină cont de capacitățile și prioritățile sale și nu ar trebui să împiedice îndeplinirea responsabilităților descrise în Decizie și în Proceduri.

## II. Comentariu asupra Procedurilor pentru Comitetul de Investiții, WPRBC și Secretariat

56. Procedurile aferente Deciziei Consiliului oferă îndrumări suplimentare Comitetului, WPRBC și Secretariatului în îndeplinirea responsabilităților acestora, inclusiv:

- Îndeplinirea responsabilităților într-un mod eficient și în timp util.
- Luarea în considerare a solicitărilor de asistență din partea PNC-urilor, inclusiv prin oferirea de clarificări, îndrumări și informații privind interpretarea Liniilor directoare în cazuri specifice.
- Organizarea schimburilor de opinii cu privire la activitățile PNC-urilor.
- Oferirea posibilității de a solicita sfaturi de la parteneri internaționali și experți.

57. Natura neconstrângătoare a *Liniilor directoare* interzice Comitetului să acționeze ca un organism judiciar sau cvasi-judiciar. De asemenea, constatările și declarațiile făcute de PNC (cu excepția interpretărilor aduse *Liniilor directoare*) nu ar trebui să fie contestate prin solicitarea unei opinii Comitetului. Dispoziția conform căreia Comitetul nu trebuie să tragă concluzii privind conduita întreprinderilor individuale a fost menținută în însăși Decizia.

58. Secretariatul și WPRBC vor analiza solicitările de asistență din partea PNC-urilor în cazul unor neclarități privind interpretarea *Liniilor directoare* în cazuri specifice în curs de desfășurare. În astfel de situații, PNC-urile ar trebui să contacteze mai întâi Secretariatul pentru a solicita informații privind interpretarea Liniilor directoare în cazuri similare. Dacă astfel de informații nu sunt disponibile sau sunt insuficiente pentru a ajuta PNC-ul, sau dacă Secretariatul nu poate oferi asistență, PNC-ul poate solicita îndrumări din partea WPRBC. Aceste solicitări vor fi tratate în mod confidențial și, în funcție de resursele disponibile, în mod rapid. Pentru a accelera tratarea solicitărilor de îndrumare, WPRBC poate organiza întâlniri ad-hoc sau poate înființa un sub-grup pentru a răspunde acestor solicitări. În acest caz, WPRBC va elabora procedurile de lucru ale sub-grupului. Informațiile furnizate de Secretariat și îndrumările WPRBC sunt confidențiale, specifice fiecărui caz în parte și de natură consultativă. Secretariatul va raporta periodic WPRBC, iar WPRBC va raporta periodic Comitetului, cu privire la problemele care au generat solicitări de informații și îndrumări și la răspunsurile oferite, cu respectarea confidențialității. Dacă WPRBC consideră că o întrebare pe care se solicită îndrumări necesită o clarificare a interpretării *Liniilor directoare*, va invita PNC-ul să solicite o clarificare din partea Comitetului pe baza Secțiunii II.2.c) din Proceduri.

59. Clarificările privind interpretarea Liniilor directoare conform Secțiunii II.2.c) din Proceduri rămân o responsabilitate esențială a Comitetului, pentru a se asigura că interpretarea *Liniilor directoare* nu variază de la o țară la alta. O cerere de clarificare poate fi depusă de un Aderent, un organism consultativ (BIAC sau TUAC) sau OECD Watch, inclusiv cu privire la faptul dacă un PNC a interpretat corect Liniile directoare sau o clarificare anterioară a Comitetului într-un caz specific închis. Clarificările aduse de Comitet vor fi pregătite de WPRBC cu sprijinul Secretariatului, conform procedurilor ce urmează a fi stabilite de Comitet, și vor fi făcute publice pe site-ul OCDE. Comitetul de Investiții nu va trage concluzii cu privire la conduita întreprinderilor individuale în emiterea clarificărilor sale, iar PNC-urile nu sunt așteptate să redeschidă un caz specific ca urmare a unei clarificări.

60. Atunci când discută activitățile PNC-urilor, Comitetul poate face recomandări, dacă este necesar, pentru a îmbunătăți funcționarea acestora, inclusiv în ceea ce privește implementarea eficientă a *Liniilor directoare* și pentru a soluționa orice situație în care un PNC devine nefuncțional. În special, Comitetul poate stabili, pe baza ultimelor două cicluri de raportare anuală ale unui PNC și la propunerea WPRBC, că un PNC nu a funcționat în mod evident într-un mod conform cu Procedurile, pentru o perioadă extinsă de timp și fără un motiv legitim. O astfel de constatare se poate baza, de exemplu, pe eșecul repetat de a aloca resursele necesare pentru îndeplinirea responsabilităților de bază ale PNC, pe aranjamente instituționale demonstrabil inadecvate, pe absența oricăror activități de promovare, pe întârzieri repetate și semnificative în gestionarea cazurilor specifice sau pe lipsa raportării. Comitetul poate apoi să facă

recomandări statului de proveniență al PNC-ului și să-l invite să raporteze cu privire la implementarea acestora într-un interval de timp specificat, respectiv să facă recomandări suplimentare în cazul în care acest raportul nu permite Comitetului să constate că PNC-ul funcționează în conformitate cu Procedurile. Comitetul poate solicita Secretariatului să asiste Aderentul în implementarea recomandărilor. Aderentul al cărui PNC este în cauză ar trebui să participe la acest proces cu bună credință și să se ralieze consensului, cu excepția unor circumstanțe excepționale la latitudinea statului în cauză.

61. Comitetul va analiza de asemenea sesizările fundamentate din partea unui Aderent, a unui organism consultativ (BIAC sau TUAC) sau a OECD Watch, care semnalează că un PNC nu și-a îndeplinit responsabilitățile procedurale în implementarea *Liniilor directoare* în cazuri specifice. Răspunsul Comitetului va fi pregătit de WPRBC cu sprijinul Secretariatului, conform procedurilor stabilite de Comitet. Acesta va fi aprobat prin consens. Aderentul al cărui PNC face obiectul unei sesizări fundamentate ar trebui să participe la acest proces cu bună credință și să se ralieze consensului, cu excepția unor circumstanțe excepționale determinate de Aderentul în cauză. Comitetul va oferi Aderentului în cauză posibilitatea de a-și exprima opinia cu privire la sesizarea fundamentată înainte de a lua o decizie, iar Comitetul poate invita statul respectiv să raporteze cu privire la implementarea recomandărilor în termen de douăsprezece luni de la răspuns.

62. În vederea unui dialog cu statele ne-Aderente pe chestiuni acoperite de Liniile directoare, Comitetul poate invita statele ne-Aderente interesate la reuniunile sale, la mesele rotunde anuale privind responsabilitatea întreprinderilor și la întâlniri referitoare la proiecte specifice privind conduita responsabilă în afaceri.

63. În concluzie, Comitetul și WPRBC pot apela la specialiști pentru a aborda și raporta cu privire la chestiuni mai ample (de exemplu, exploatarea copiilor prin muncă sau drepturile omului) sau la chestiuni individuale, respectiv pentru a îmbunătăți eficacitatea procedurilor. În acest scop, Comitetul ar putea apela la expertiza internă a OCDE, la organizații internaționale, organisme consultative (BIAC și TUAC), OECD Watch, organizații neguvernamentale, mediul academic și alții. Specialiștii contactați nu pot constitui un panel însărcinat cu soluționarea problemelor individuale.

www.ingramcontent.com/pod-product-compliance
Ingram Content Group UK Ltd.
Pitfield, Milton Keynes, MK11 3LW, UK
UKHW051643031026
15588UKWH00007B/1301

9 789264 451438